A prosperidade do vício

Daniel Cohen

A prosperidade do vício

Uma viagem (inquieta) pela economia

Tradução:
Wandyr Hagge

ZAHAR

Título original:
La prospérité du vice
Une introduction (inquiète) à l'économie

Tradução autorizada da primeira edição francesa, publicada em 2009 por Albin Michel, de Paris, França

Jorge Zahar Editor Ltda.
rua México 31 sobreloja | 20031-144 Rio de Janeiro, RJ
tel (21) 2108-0808 | fax (21) 2108-0800
editora@zahar.com.br | www.zahar.com.br

Cet ouvrage, publié dans le cadre du Programme d'Aide à la Publication 2010 Carlos Drummond de Andrade de la Médiathèque de la Maison de France, bénéficie du soutien du Ministère français des Affaires Etrangères et Européennes.

Este livro, publicado no âmbito do Programa de Auxílio à Publicação 2010 Carlos Drummond de Andrade da Mediateca da Maison de France, contou com o apoio do Ministério francês das Relações Exteriores e Europeias.

Liberté • Égalité • Fraternité
RÉPUBLIQUE FRANÇAISE

MÉDIATHÈQUE
MaisondeFrance

Grafia atualizada respeitando o novo Acordo Ortográfico da Língua Portuguesa

Revisão: Eduardo Monteiro, Tamara Sender
Capa: Sérgio Campante

CIP-Brasil. Catalogação na fonte
Sindicato Nacional dos Editores de Livros, RJ

Cohen, Daniel, 1953-
C628p A prosperidade do vício: uma viagem (inquieta) pela economia / Daniel Cohen; tradução Wandyr Hagge. – Rio de Janeiro: Zahar, 2010.

Tradução de: La prospérité du vice: une introduction (inquiète) à l'économie, 1.ed.
Inclui bibliografia e índice
ISBN 978-85-378-0279-3

1. Economia. 2. História econômica. 3. Capitalismo. 4. Globalização. I. Título.

CDD: 330
10-4029 CDU: 330

Para minha gypsy wife

Sumário

Give me back the Berlin Wall,
Give me back Stalin and Saint Paul
I've seen the future, brother:
It is murder.*

LEONARD COHEN

* "Devolvam-me o muro de Berlim,/ Devolvam-me Stalin e são Paulo/ Eu vi o futuro, irmão:/ É assassinato."

Introdução

O QUE ACONTECEU ONTEM, na Europa, se repete hoje em escala global. Milhões de camponeses chineses, indianos ou de outros lugares abandonam o campo e vão para as cidades: a sociedade industrial substitui a sociedade rural. Novas potências emergem. Ontem, eram a Alemanha e o Japão. Hoje, são a Índia e a China. As disputas pelo controle das matérias-primas se intensificam. As crises financeiras se repetem como nos piores dias de um capitalismo que se acreditava superado. Nada disso é auspicioso. Ao contrário do que dizem os defensores do "choque de civilizações", o maior risco no século XXI é menos o confronto de culturas ou religiões do que uma repetição, em nível planetário, da própria história do Ocidente.

A Europa não saiu ilesa da Revolução Industrial. Se ela se vê, hoje, a despeito da crise atual, como o continente da paz e da prosperidade é ao preço de uma formidável amnésia de seu passado recente. O curto espaço de tempo, iniciado no século XVI, em que a Europa foi o epicentro da história humana terminou na barbárie da Segunda Guerra Mundial. Quem pode, hoje, garantir que a Ásia escapará desse destino trágico?

Às vezes tentamos nos convencer de que a prosperidade trará consigo a paz, e que as trocas comerciais pacificarão as relações internacionais. No entanto, foi em um clima de prosperidade partilhada que eclodiu a Primeira Guerra Mundial. O êxito da Alemanha, que fez com que o país se sentisse tão seguro de si, incomodou as outras potências europeias. Uma ilusão retrospectiva leva à crença de que a paz e a prosperidade se complementam. Nada, no entanto, nos pode dar essa garantia. Na verdade, estudos recentes concluem exatamente o contrário.

Uma análise de Philippe Martin e de seus coautores demonstra, nesse sentido, que o comércio mundial não reduz em nada os riscos de guerras. De acordo com esse estudo, o comércio internacional até facilita que uma nação belicosa ataque uma potência rival. As trocas internacionais, na realidade, contribuem para a diversificação das fontes de abastecimento durante o conflito.

Nem a riqueza nem a educação conseguem transformar um homem mau em um homem bom. Como afirma Christian Baudelot, riqueza e educação oferecem, antes, novas opções para que ele continue sendo como é. Um estudo bastante documentado analisou a origem social de alguns autores de atentados terroristas (definidos como atentados visando a populações civis com finalidade política). Eles não são nem pobres nem analfabetos. A maioria tem diploma de ensino superior e muitos são miliardários, como o célebre editor italiano Feltrinelli, morto em 1972 ao tentar dinamitar uma torre elétrica perto de Milão.

Essas observações se chocam com as intuições que fundam a reflexão do Ocidente sobre si mesmo, em especial o pensamento de Condorcet e de Montesquieu, para os quais a educação e o comércio suavizam os hábitos e os corações. Como foi possível que a Europa, que foi o berço de uma civilização do "bem-estar", acabasse no suicídio coletivo de duas guerras mundiais? Que riscos pesam sobre o mundo hoje, quando se ocidentaliza? Essas são perguntas (preocupadas) de cujas respostas depende o século que se inicia.

As leis ocultas desde a origem do mundo

Comecemos pelo começo. A regra à qual as sociedades têm sido submetidas há muito tempo, desde antes da era industrial, é simples e desesperadora. Desde o início dos tempos até o século XVIII, a renda média dos habitantes do planeta manteve-se estagnada. Cada vez que uma sociedade começa a prosperar, porque descobriu, por exemplo, uma nova tecnologia, um mecanismo imutável se coloca em movimento de modo a anular seu efeito. O crescimento econômico engendra o crescimento demográfico: a riqueza aumenta o número de nascimentos e reduz a mortalidade de crianças e adultos. Mas o aumento da população provoca a redução progressiva da renda *per capita*. Chega fatalmente o momento em que a população esbarra na insuficiência de terras disponíveis para o cultivo. Porque são numerosos demais, os homens devem morrer; pela fome ou pela doença. A fome e as epidemias vêm, invariavelmente, interromper a ascensão das sociedades em crescimento.

Essa construção, conhecida como lei de Malthus, já fez correr muita tinta, mas conseguiu resistir ao exame de seus críticos. Graças aos trabalhos de historiadores da economia é possível avaliar, em dólares ou em euros de hoje, os rendimentos observados em populações de séculos anteriores. O nível de vida de um escravo romano, por exemplo, não era significativamente diferente do de um camponês do Languedoc, no século XII, ou do de um operário da grande indústria no início do século XIX. Aproxima-se do rendimento dos pobres do mundo moderno: em torno de um dólar por dia. A expectativa de vida dá uma indicação convergente. Em média, fica próxima dos 35 anos de idade ao longo de toda a história humana, tanto para os caçadores-coletores – tal como observados hoje nas sociedades aborígines – como para os primeiros operários da indústria moderna, na aurora do século XIX. O exame dos esqueletos também demonstra que as condições materiais (tais como tamanho) não deviam ser muito diferentes na época dos caçadores-coletores daquelas observadas no início do século XIX.

A lei de Malthus invalida as categorias habituais de "bem" e de "mal". A vida no Taiti, por exemplo, era paradisíaca, porém, graças ao infanticídio em grandes proporções. Mais de dois terços dos recém-nascidos eram imediatamente mortos: sufocados, estrangulados ou por quebra do pescoço. Tudo o que contribui para o aumento da mortalidade acaba se revelando uma coisa boa, pois reduz a competição por terras disponíveis. A higiene pública, ao contrário, se volta contra as sociedades que a adotam. Se o europeu era, em média, mais rico que o chinês do início do século XVIII é porque era sujo. Em seu proveito, o europeu não se lavava, enquanto o chinês (ou o japonês) tomava tantos banhos quanto possível. Europeus, independentemente de classes sociais, jamais reclamavam das latrinas próximas de suas habitações, a despeito do mau cheiro. Já os japoneses eram modelos absolutos de limpeza. As ruas eram lavadas regularmente, calçados eram tirados antes de se entrar em casa... O que explica por que eram mais numerosos, e mais pobres. Esse é o reinado da prosperidade do vício.

Às origens da supremacia europeia

A humanidade deve à Europa a descoberta da pedra filosofal: a possibilidade de crescimento perpétuo, não apenas da população, mas também dos rendimentos médios de seus habitantes. Essa descoberta não veio de um só golpe. Ela é fruto de uma lenta evolução desenhada entre os séculos XII e XVIII e que o medievalista Jacques Le Goff caracterizou como "a longa Idade Média". O crescimento econômico moderno vai se apoiar sobre uma renovação tecnológica permanente e transpor o crescimento demográfico. A partir do século XIX, nos países industrializados, é o crescimento dos rendimentos *per capita* que se torna a marca de uma sociedade próspera. O crescimento melhora (enfim) as condições de vida e provoca o aumento, e não a redução, da longevidade. O recuo da morte é a grande novidade da era moderna.

Milhares de páginas foram escritas para tentar compreender o que aconteceu, e a temática continua sendo objeto de controvérsias furiosas. Por que será que a descoberta da possibilidade do crescimento perpétuo se deu na Europa? A China parecia um lugar melhor. Francis Bacon, o "Descartes inglês", achava que as três descobertas fundamentais do mundo moderno eram a bússola (para a navegação), a imprensa (para a circulação das ideias) e a pólvora (para a guerra). Ora, essas três invenções são chinesas. Um século antes de Cristóvão Colombo armar suas três caravelas, as impressionantes embarcações do almirante Zhang He já navegavam nas costas africanas, levando à corte do imperador chinês zebras e girafas.

Por que se estancou o dinamismo chinês? Vários fatores foram responsáveis; um, no entanto, foi decisivo. Subitamente o imperador decidiu que as viagens ultramarinas eram custosas e inúteis. A busca da estabilidade interior se tornou, a seus olhos, prioritária, e a exploração do mundo, secundária. O imperador ordenou a queima de todos os navios da frota. A China perdeu, então, sua ascendência marítima, o gosto pelo comércio e, com o tempo, foi caindo em uma profunda letargia.

A decisão chinesa foi a de sacrificar o crescimento em nome da estabilidade interna; a Europa seguiu a outra via. Menos por escolha do que sob o efeito de um motor que foi um dos fatores essenciais de seu dinamismo: a rivalidade entre suas nações. A pólvora permaneceu um brinquedo na mão dos chineses, porém, tornou-se uma arma de guerra eficaz na Europa. Passar da pólvora ao canhão exigiu uma série de invenções delicadas, estimuladas em cada país pelos avanços dos concorrentes. No domínio das ideias, a fragmentação política igualmente desempenhou um papel decisivo. A curiosidade de Galileu foi condenada pela Igreja, mas ganhou impulso na Inglaterra antipapista de Newton. O próprio Cristóvão Colombo percorreu diversas vezes as capitais europeias antes de encontrar um patrocinador.

No coração do dinamismo europeu se alojou também o veneno que causaria a sua derrocada. Um ciclo imutável seguia seu curso. Cada vez que uma potência tentava dominar as outras, desencadeava-se uma coalizão para derrubá-la. Dominaram, assim, sucessivamente, a Europa: a Espanha, no século XVI; a Holanda, no XVII; a França, no XVIII; a Inglaterra, no XIX. O século XX deveria ter sido o século alemão, e o foi em certo sentido. A Primeira Guerra Mundial não foi um "acidente de percurso" do sistema europeu: foi uma sequência lógica.

Para os que desejam compreender o mundo multipolar que se descortina no século XXI, basta olhar a história europeia da qual ele é hoje o herdeiro. Todos os países transformaram-se em Estados-Nações, seguindo o modelo inventado na Europa. Cada povo é "soberano" em suas próprias fronteiras, das quais são furiosamente ciumentos. A primeira fragilidade do mundo que está por vir é representada da seguinte maneira: as novas potências emergentes buscam resolver suas velhas querelas – de fronteiras ou de prioridades reivindicadas – armadas de uma riqueza e de uma força militar totalmente inéditas possibilitadas pela industrialização.

O vício do crescimento

A industrialização não perturba apenas o equilíbrio entre as potências. Ela transforma mais radicalmente ainda o funcionamento interno das sociedades. Nos termos célebres de Joseph Schumpeter, o capitalismo é um processo de "*destruição criativa* [que] revoluciona a estrutura econômica *a partir de dentro* incessantemente destruindo a velha, incessantemente criando uma nova". É por isso que as sociedades industriais são entidades frágeis que necessitam de cuidados constantes. Elas misturam criação e destruição, alternam prosperidade e depressão, e estiveram a ponto de afundar numa dessas crises, a de 1929, brutalmente lembrada pela recente crise dos *subprimes**.

Se a prosperidade estava na origem da Primeira Guerra Mundial, o empobrecimento da sociedade alemã, sob o efeito da Grande Crise dos anos 1930, explicaria a Segunda Guerra. É difícil sustentar que a crise de 1929 tenha sido também um "acidente de percurso". A crise dos *subprimes* recoloca em discussão os mesmos mecanismos, os mesmos encadeamentos. As lições dos anos 1930 tinham, no entanto, impregnado fortemente o pós-guerra. Um mundo mais inclinado à cooperação apareceu. As nações ocidentais, devastadas após 1945 e unidas pela Guerra Fria, haviam desarmado seus conflitos. O Estado-Providência havia suavizado a luta de classes, a economia "social de mercado" prosperou. Mas a crise dos anos 1970, a queda do Muro de Berlim e a revolução financeira dos anos 1980 marcaram o fim dessa sequência. O consenso fabricado nos anos 1950 e 1960 ficou debilitado e, depois, foi enterrado. E em menos de três décadas a crise está de volta.

O desafio proposto pela crise atual ultrapassa o da regulação dos mercados. Também coloca a questão da regulação moral, por assim dizer, do capitalismo. O dinheiro louco que entrou na moda nos anos 1980 ressuscitou a fórmula de Marx, que acusava a burguesia de afogar a sociedade "nas águas geladas do cálculo egoísta". A avidez por consumo das famílias

* Crise financeira evidenciada nos Estados Unidos, em 2007, pela quebra de instituições financeiras que concediam crédito hipotecário de alto risco, com impacto em todo o mundo. (N.T.)

norte-americanas, causa de seu formidável endividamento e principal fator da crise dos *subprimes*, traz a questão de se saber sobre que valores e sobre que frustrações se apoia o capitalismo.

O homem malthusiano vivia constantemente faminto, no sentido literal do termo. Guerras e epidemias eram uma coisa boa: reduziam o número de bocas a alimentar. A vitória do mundo moderno sobre a fome e a miséria assinala a revanche da virtude sobre o vício? Nada é menos seguro, infelizmente. O homem moderno continua faminto, mas de bens cuja existência ignorava há alguns anos... Como dizia Alfred Sauvy, ele é um andarilho que nunca chega ao horizonte. Não importa o *quantum* de prazeres já satisfeitos, a página continua em branco em relação aos que ele deseja satisfazer. O consumo se transformou em uma droga, em um vício: o prazer que ele proporciona é efêmero.

Como demonstrou o economista Richard Easterlin, apoiando-se em numerosas pesquisas, as sociedades ricas não são mais felizes do que as sociedades pobres. Um humorista do século XIX recentemente citado pela revista inglesa *The Economist* explica o porquê à sua maneira: "Ser feliz é ganhar dez dólares a mais do que seu cunhado." Um crescimento rápido amortece as tensões sociais porque cada um pode acreditar que está alcançando o rendimento que os outros recebem. Mas o ponto fraco desse ideal é que ele é vulnerável à diminuição do ritmo de crescimento da economia, não importando o nível de riqueza já obtido. A França era, nesse sentido, incomparavelmente mais feliz durante os 30 Anos Gloriosos – os anos loucos do pós-guerra – do que hoje, mesmo que tenha se tornado duas vezes mais rica. A desilusão que se abateu sobre os países ricos em função de um crescimento que se tornou mais lento também atingirá, obrigatoriamente, os países hoje emergentes tão logo eles se deem conta do que está acontecendo.

A hora da mundialização

Alguns sustentam que o vício doentio do *Homo consumerus* em crescimento econômico exige que este seja vigoroso, o que seria, no final das contas, uma boa coisa. Em algum momento, as vias pouco conhecidas e paradoxais da prosperidade do vício seriam, assim, restabelecidas. Talvez. Mas as consequências desse apetite insaciável aparecerão de forma totalmente inédita se pensarmos dentro de um contexto de mundialização. Que 1 milhão de chineses consumam 1 milhão de bicicletas não acarreta nenhuma consequência importante e, como diria Adam Smith, todo mundo poderia até ganhar – aqueles que vendem as bicicletas e aqueles que as compram. Mas se consumirem 1 milhão de automóveis não será a mesma coisa: o futuro do planeta estará ameaçado e o pior pode acontecer. Como se sabe, a concentração de CO_2 na atmosfera poderá duplicar de hoje a 2050 em relação aos níveis atingidos na era pré-industrial. O crescimento econômico moderno encontra seus limites, por sua vez, não na raridade de terras cultiváveis, como na era malthusiana, mas na fragilidade do ecossistema como um todo.

No momento em que se propaga pelo planeta uma civilização material que tudo devora, outra ruptura igualmente se inicia. O Ocidente toma a frente e arrasta todo o mundo para uma nova mutação que se pode chamar de "o cibermundo". Esse novo espaço virtual é o teatro de outra mundialização, esta imaterial, e dominada por tecnologias de informação e de comunicação. Suas leis são antípodas daquelas que governam a mundialização industrial. Nenhuma barreira planetária deve ser temida nesse domínio. É exatamente o contrário. Quanto mais numerosos os humanos participando, mais o setor prospera. A produção de ideias novas, de obras do espírito, é uma atividade tão florescente que haverá mais pesquisadores e mais artistas. Pouco importa a nacionalidade daquele que descobrir a vacina contra a Aids: ele terá produzido, para todos, um bem planetário. No domínio da produção artística, a China já conta com 60 milhões de pianistas. Suas chances de produzir um novo Mozart estão à altura desses números. Quando isso acontecer, todos os melômanos lucrarão. No domínio político, a ideia de democracia também atravessa fronteiras, graças muito mais à circulação de ideias que de mercadorias.

A mundialização imaterial acaba de começar. Longe de ser um espaço pacificado, esse novo espaço da comunicação mundial está tão cheio de amor e de ódio quanto o antigo. Florescem na internet tanto os laços entre amantes de música quanto redes de pedófilos e de terroristas. Os "15 minutos de fama" para todos, prometidos por Andy Warhol, transformam-se em um novo horizonte de expectativas, sempre ainda longínquo tanto para jovens que frequentam a rede do Facebook como para aqueles que se deixam atrair pela Al-Qaeda.

A grande esperança do século XXI é, todavia, que se crie, no seio desse cibermundo, uma consciência nova da solidariedade diante do fato que liga, daqui por diante, os humanos entre si. Nesse momento de risco ecológico, a humanidade não pode mais se permitir ser submetida a leis – sejam de Malthus ou de Easterlin – que ela não compreende ou que só compreenderá tarde demais. Capturar a maneira pela qual a economia forma a história humana, compreender como essa história transforma, por sua vez, as leis reputadas inflexíveis da economia: esse é o objetivo da viagem ao passado e ao futuro que este livro se propõe empreender, instalado nos ombros de alguns gigantes do pensamento econômico.

PARTE I

Por que o Ocidente?

1. Gênese

Nascimento da economia

Durante muito tempo, o único problema da humanidade foi se alimentar. E desde o início dos tempos até a invenção da agricultura (há apenas dez mil anos) o homem se alimentou apanhando livremente o que a natureza lhe oferecia. A caça e a colheita, duas atividades que pouco exigem socialmente, eram suficientes. Em seguida, quase de uma vez, a humanidade aprendeu a cultivar a terra e a fazer crescer seus rebanhos. Foi o momento em que, parodiando Rousseau, tomou-se a providência de cercar um campo e dizer: "Isto aqui é meu."

Como foi feita essa revolução neolítica? A tese mais utilizada para responder a essa pergunta é de autoria do antropólogo australiano Gordon Childe. Ele atribui a descoberta da agricultura a uma causa "natural": um aquecimento climático teria destruído brutalmente a fauna e a caça, criando uma penúria alimentar que teria levado o homem a buscar outras maneiras de se nutrir. A agricultura seria filha dessa necessidade. O homem teria transformado, em um segundo momento, seu modo de vida. Tornou-se sedentário e inventou os deuses das estações e das chuvas, que passaram a acompanhar sua nova existência de agricultor.

Trabalhos recentes, apoiados na datação precisa do carbono 14, questionaram essa interpretação. Para Jacques Cauvin, em um livro cativante, *Naissance des divinités, naissance de l'agriculture*,[1] parece que o sedentarismo precedeu a invenção da agricultura. A primeira cidade da história humana, Jericó, é anterior às primeiras culturas de trigo. Essa descoberta seria suficiente para atestar, por si mesma, que a fauna e a caça eram abundantes o bastante para permitir ao homem se sedentarizar. No fim do décimo milênio antes de nossa era, o agrupamento dos homens decorreu, na realidade, de um fato social e não demográfico ou econômico.

Se o sedentarismo é anterior ao Neolítico, o mesmo parece acontecer com a crença nas divindades. Mas essa tese é mais difícil de demonstrar. Como provar a anterioridade de uma crença? Especialistas em pré-história o fazem observando, a princípio, que a prática de enterrar os mortos precede em vários milhares de anos o período Neolítico. Observam ainda que, às vésperas do Neolítico, o homem vai abandonando a representação de animais e substituindo-os, progressivamente, por figuras que se parecem mais com imagens de deuses; de mulheres, mais frequentemente. A única figura animal é a do touro. Ora, o boi selvagem ainda não era um dos animais que se costumava caçar na época (os homens caçavam a gazela). Tem, portanto, com toda a certeza, um novo valor simbólico. Mais tarde, as duas figuras se associarão: a mulher será representada dando à luz o touro. É essa a imagem que acompanhará a difusão do Neolítico do Oriente Médio para as outras sociedades.

De vítimas da natureza, os homens passaram a desempenhar um novo papel. O fato de terem sido criados por deuses os autorizava a se transformarem, eles mesmos, em criadores. Jacques Cauvin resumiu a transição da seguinte maneira:

> Esse novo hiato que se criou entre o deus e o homem modificou inteiramente a representação que o espírito humano fazia [de seu meio] e suscitou novas iniciativas, desbloqueando, de algum modo, a energia necessária para levar adiante essas transformações a bom termo, como efeito compensatório de um mal-estar existencial jamais experimentado.

Até então meras espectadoras, as sociedades neolíticas se autorizaram a interferir na natureza enquanto produtoras ativas. A religião deu acesso a uma espécie de "lógica transcendental" que o homem aplicou, em seguida, ao real.

Esses trabalhos são deslumbrantes. Eles iluminam questões que poderiam, até então, ser consideradas inconclusivas. O homem pensou antecipadamente? Desejou o mundo no qual iria evoluir ou será que uma descoberta como a agricultura veio como um golpe do acaso, confundindo, interferindo de maneira sem precedentes na existência humana? A ideia defendida por

Jacques Cauvin é a de que o homem, inicialmente, modificou seus hábitos de pensamento. Evidentemente, isso não significa que as consequências da revolução agrícola (o nascimento dos impérios...) já tivessem sido compreendidas. Um abismo considerável se abriria entre a intuição de um mundo por vir e a realidade que surge, fazendo com que os homens tenham dificuldade de entender o que está acontecendo. Esse intervalo lança luzes sobre a dificuldade que aparecerá quando for necessário entender outra grande ruptura da história humana: a Revolução Industrial. Longe de aparecer como uma ruptura brutal, surgida toda armada pela metade do século XVIII, ela pode ser entendida também como o resultado de uma mutação lenta que foi pensada antes de se materializar, antes de escapar da cabeça daqueles que a imaginaram, confundindo os seus contemporâneos.

A primeira mundialização

A invenção da agricultura não foi uma façanha isolada do Oriente Próximo. É possível identificar pelo menos três ou quatro outras possíveis origens. Na China, a revolução neolítica teria ocorrido por volta de 7500 a.C.; na Mesoamérica e nos Andes, em torno de 3500 a.C.; no leste da América do Norte, mil anos depois. É difícil saber se todas essas descobertas se deram de maneira autônoma ou se foram importadas. Em qualquer das hipóteses, a agricultura se impôs, pouco a pouco, por toda parte, desde que sua existência foi descortinada.

De acordo com os historiadores da pré-história, o Neolítico teria progredido no Oriente Próximo a um ritmo de cinco quilômetros por ano. A revolução neolítica carregou com ela os deuses vindos das margens do rio Jordão. O casal formado por uma deusa e um touro chegou a regiões onde nada indicava que tivesse sido adotado anteriormente.

Uma forma de darwinismo social estava operando. Uma tecnologia mais produtiva que outra tende quase sempre a se impor, por persuasão ou por força. Pela persuasão quando aqueles que dela são privados descobrem seu alcance. Pela força: porque as sociedades de agricultores, mais bem-alimentadas, mais numerosas, raramente perdiam, quando a ocasião se lhes apresentava, a oportunidade de exterminar as sociedades de caçadores-coletores que encontravam pela frente.

Há alguns contraexemplos de sociedades que resistiram. Os aborígines australianos, ainda que se envolvendo em relações comerciais com agricultores vizinhos, foram capazes de preservar suas sociedades de caçadores-coletores por muito tempo. Mas eles são exceção a uma regra que, por falta de outro nome, chamaremos de *a tirania da produtividade.*

A primeira explosão tecnológica

A propagação da agricultura complicou a vida humana. A densidade dos povoamentos aumentou consideravelmente. Uma sociedade nômade é freada demograficamente, entre outras razões simples, porque a mãe deve esperar que o filho possa caminhar antes de ter outro filho. Em uma sociedade sedentária, pode-se ter tantas crianças quanto a terra for capaz de alimentar. A produtividade agrícola, subitamente aumentada, e o sedentarismo provocarão uma aceleração na população mundial. Contavam-se dez milhões de humanos à época da invenção da agricultura. Serão 200 milhões na época de Cristo.

A abundância e o sedentarismo possibilitaram, igualmente, a estocagem dos alimentos. O excedente permitia nutrir uma "classe ociosa", como será chamada mais tarde pelos primeiros economistas, os fisiocratas, durante o reinado de Luís XV. Os reis, as suas burocracias, os clérigos e os guerreiros se destacavam progressivamente dos camponeses. Essa separação permitiu, entre o Neolítico e a Idade do Ferro, um verdadeiro salto tecnológico. Os ferreiros da Anatólia inventaram o bronze por volta de 3500 a.C., e o ferro, em torno de 1000 a.C. Os burocratas inventaram a escrita em torno de 3000 a.C. na Suméria; e, na China, perto de 1300 a.C. Os poetas gregos inventaram as vogais em torno de 800 a.C. Ao fim do segundo milênio antes de Cristo, entre os séculos XIII e XI, a modelagem do bronze para confeccionar vasos, capacetes, couraças ou escudos se tornou uma técnica largamente praticada: estamos, nesse momento, no limiar do mundo que conhecemos por meio da *Ilíada*.

Muitas vezes as descobertas são feitas diversas vezes (como a da escrita ou a do bronze). Algumas vezes, um exemplar é copiado identicamente pelas sociedades que fazem contato com a do inventor. É o caso do alfabeto. E também, pode-se dizer, do cavalo, que existia em um lugar apenas, a Ucrânia, e que posteriormente percorreu o mundo com guerreiros às costas, aos quais dava uma vantagem decisiva.

Essas descobertas elevarão as sociedades humanas a níveis de complexidade social crescentes. As chefias se transformam em reinos e depois em impérios. As grandes civilizações suméria, egípcia, minoica, indiana ou chinesa nascerão na esteira dessas invenções. Uma entre elas, a civilização ocidental, exercerá ascendência sobre as outras a partir do século XVI da nossa era. Por quê?

O destino estilhaçado do Ocidente

Por que, de todas as civilizações planetárias, foi finalmente a do Ocidente que se distanciou das outras e impôs seu modelo? Se comparássemos a Europa um pouco depois do ano 1000 com o mundo árabe ou com a China, a vantagem tecnológica seguramente não seria do Ocidente. O que, então, teria acontecido?

A civilização greco-romana, de onde o Ocidente cristão nasceria, era brilhante. Roma, no ano 100 a.C., era mais bem-equipada em termos de estradas pavimentadas, esgotos, alimentação ou água do que a maior parte das capitais europeias em 1800. Os romanos revelavam uma engenhosidade excepcional em matéria de arquitetura (descobriram o cimento) e de construção de estradas. Herdaram algumas ferramentas aperfeiçoadas pelos gregos: a alavanca, o parafuso, as polias, as engrenagens, inovações que lhes permitiram fabricar máquinas de guerra eficazes.

Mas o emprego civil dessas técnicas continuou adormecido por mais de mil anos. No que diz respeito à vida econômica *stricto sensu*, o milênio ocidental que vai de 500 a.C. a 500 foi particularmente pobre. De acordo com o historiador de técnicas Joel Mokyr,[2] a antiga sociedade greco-romana nunca foi, de fato, muito inventiva do ponto de vista estritamente tecnológico. Ela construiu moinhos de água, mas não se valeu verdadeiramente da energia hidráulica. Dominava a fabricação do vidro e entendia como utilizar os raios de sol, mas não inventou os óculos. Com relação ao grande salto que se deu entre o Neolítico e a Idade do Ferro, com a conquista dos procedimentos fundamentais da agricultura, da metalurgia, da cerâmica e da tecelagem, é fora de dúvida que houve uma diminuição na velocidade das inovações sob o Império greco-romano. No domínio agrícola permaneceram no essencial, se comparados com os grandes trabalhos de irrigação empreendidos no Egito ou na Mesopotâmia. No domínio industrial, a Antiguidade e a Idade Média estão muito atrás dos progressos conquistados pela China.

Como resume muito bem o historiador da Antiguidade Aldo Schiavone,

> o famoso pragmatismo romano era social, não tecnológico: dizia respeito à administração, à política, ao direito, à organização militar. Esses grandes engenheiros e arquitetos, esses construtores incomparáveis de pontes e estradas, de aquedutos, esses sábios usuários de máquinas de guerra não chegaram jamais a pensar que o terreno privilegiado para a utilização e melhoria das máquinas deveria estar nos campos e nas oficinas.[3]

Roma herdou, aqui, a tradição grega. Para o homem grego, o que constituía sua liberdade era a mestria das técnicas da vida social: a escrita e suas regras, a música e a poesia; o conhecimento de si mesmo... A sociedade grega da Ásia Menor inventou a cidade como o lugar da política e não transformou as técnicas astronômicas egípcias e caldeias em uma ciência experimental, mas em metafísica:

> Entre conhecimento e transformação da natureza, a passagem estava bloqueada, até mesmo um abismo se formava. A acumulação tecnológica era ignorada. E ignorar isso era a revanche de um pensamento enfim livre das restrições passadas.[4]

A escravidão

Aristóteles afirmou que somos senhores ou escravos "por natureza". Por trás da figura do escravo estava toda uma ideia de trabalho que se tornava progressivamente incompreensível para os romanos. Para um romano letrado, era completamente normal que um escravo trabalhasse todo o dia, acorrentado e sob vigilância estrita; que ele não pudesse dispor da menor privacidade e que sua alimentação se limitasse à quantidade indispensável para reconstituir suas forças.

Essa dureza não foi uma característica da civilização romana, nem mesmo das sociedades escravagistas: ela existiu em inúmeras sociedades pré-industriais. Gerações inteiras de camponeses na Europa medieval e de operários ingleses nos primórdios da Revolução Industrial pagaram um tributo humano tão pesado quanto esse.

Mas um fator vai desempenhar um papel decisivo na transformação de Roma na capital da servidão. A partir da primeira das guerras contra Cartago, as Guerras Púnicas, uma massa de escravos como nunca se havia visto no Ocidente começou a ser utilizada de maneira regular. Eram em torno de 600 mil vivendo na Itália em cerca de 225 a.C. numa população que não deveria ultrapassar os 4 milhões. "A partir do momento em que se transformaram em senhores dessa população", escreveu Schiavone, "os romanos conheceram, pela primeira vez, os benefícios de sua riqueza."[5]

Essa dinâmica se fortaleceu com as conquistas de Pompeu e, em seguida, com as de César. Graças à segurança reencontrada nos mares, um novo afluxo de escravos se produziu. Pode-se considerar que, sob Augusto, no final do século I a.C. pelo menos 35% da população da península Itálica era composta por escravos. Comprá-los, na Roma imperial, não era caro: entre mil e 2 mil sestércios em uma época em que o patrimônio atingia facilmente dezenas de milhões de sestércios. Entre os séculos I e II a.C., milhares e milhares de prisioneiros foram cedidos aos mercadores que seguiam as tropas e abasteciam o mercado.

As revoltas eram, portanto, numerosas. Não apenas dentro dos grandes empreendimentos agrícolas, os latifúndios, mas sobretudo nas minas.

Cada geração vivenciava sua insurreição. A mais importante e a mais célebre, a de Espártaco, mobilizou até alguns homens livres pertencentes aos estratos mais baixos. Quando foi esmagada, 6 mil escravos foram supliciados e crucificados na estrada que ia de Cápua a Roma. Foi uma lição definitiva após a qual não houve revoltas maiores.

O emprego, sempre mais intenso e regular, de grandes quantidades de homens reduzidos à servidão desestruturou a pequena propriedade rural. As grandes explorações da aristocracia romana se consolidaram. Para os pequenos agricultores, a única via aberta de ascensão consistia em transformar-se em soldado profissional. Um mecanismo de retroalimentação se colocava, então, em movimento. A escravidão destruía a pequena propriedade agrícola, forçando os pequenos proprietários a se engajarem como soldados no exército, o que alimentava o mecanismo de rapinagem de guerra e fazia crescer o número de escravos, reduzindo ainda mais o número de pequenos proprietários. Mas essa evolução também engendrava uma ampla desocupação, que tomava proporções consideráveis nas grandes cidades (onde se refugiavam os deserdados do campo).

Esse movimento terminou por se interromper ao longo do século II. As guerras progressivamente deixaram de ser um investimento e assumiram uma característica puramente defensiva. A dinâmica da expansão cessou. Entre o início e meados do século III, o desequilíbrio entre os recursos e as necessidades tomou então – e os contemporâneos estavam plenamente conscientes disso – a forma de um verdadeiro "colapso histórico". Começava o declínio do Império romano.

O Ocidente precisaria dar marcha a ré para sair desse atoleiro em que o sistema romano acabou conduzindo-o. Como dirá Aldo Schiavone na conclusão de sua obra justamente intitulada *Le destin brisé* [O destino estilhaçado]:

> Ao persistir não apenas na dependência da escravidão como também na recusa de uma elaboração social e intelectual do trabalho e, logo, continuando a confinar o espaço da produção a uma marginalidade irremediável, esta civilização subtraiu seu futuro, tornando-se algo como uma órbita morta.[6]

2. Nascimento do mundo moderno

O milagre europeu

A Europa do século X parecia ter perdido aquilo que fez a glória de Roma e de Atenas. Perdeu o essencial dos conhecimentos científicos e regrediu a uma situação de quase subsistência. No que dizia respeito à aquisição de bens estrangeiros, o comércio de escravos era quase sempre o único produto de exportação! Quinhentos anos mais tarde, tudo mudou. As explorações asiáticas de Vasco da Gama e a "descoberta" da América abriram caminho para uma dominação planetária do Ocidente, que vem durando cinco séculos, mas que começa neste momento a ter seus fundamentos questionados. O que será que aconteceu? Retomemos o fio dessas transformações extraordinárias.

No século X, as propriedades rurais viviam ainda fechadas em si mesmas, apavoradas com as ameaças que pairavam dos vikings, ao norte; das pilhagens muçulmanas ou húngaras ao sul e a leste; e dos salteadores vindos dos próprios campos, no centro. A circulação de mercadorias e de pessoas foi reduzida a quase nada. O castelo forte representava toda a sociedade. Como resume Henri Mendras, em *La fin des paysans*: "A Europa carolíngia era inteiramente rural. Nada de cidades, nada mais do que campos: apenas terras povoadas por camponeses, agrupados em vilas localizadas em torno do domínio senhorial."[1] Esse sistema dava aos senhores o monopólio da violência, que lhes permitia apropriar-se do excedente agrícola. A arrecadação era feita em espécie. Os mais ricos viajavam de um castelo a outro para consumir, no próprio local, o vinho e a caça que lhes eram devidos.

Em fins do século X, e ao longo dos três séculos de renascimento que constituíram os séculos XI a XIII, essa unidade quase autárquica da Idade Média foi progressivamente se desfazendo. Dissiparam-se as ameaças dos vikings e as estradas mostraram-se, outra vez, passíveis de circulação.[2] O comércio de mercadorias e a circulação de pessoas tornaram-se novamente possíveis.

O aumento da produtividade agrícola foi um dos traços marcantes da renovação medieval. Esse período assistiu a uma expansão das terras cultivadas e também a um aumento da população. As ferramentas se multiplicaram e tornaram-se mais eficazes. As pás, as enxadas e os arados passaram a ser fabricados com ferro. Apareceram as pontes levadiças. A chamada coleira de cavalo e os moinhos se difundiram. A melhoria da produtividade agrícola permitiu a liberação dos excedentes que iriam nutrir, em sentido próprio, a expansão.

As revoluções urbana e comercial ocorridas entre os séculos XI e XIII reposicionaram, após um longo eclipse, as vilas no centro da história europeia. Algumas eram novas, como Veneza, Ferrara e Amalfi. Aquelas que ressurgiam o fizeram em bases inteiramente novas. As grandes cidades antigas eram lugares mais de consumo que de produção. Nenhuma delas poderia ser definida como "cidade industrial". Ao contrário, as vilas da Idade Média estavam repletas de artesãos cujas vidas eram guiadas pelo som dos campanários, que marcava os tempos de trabalho.

Aos poucos o trabalho se libertou dos limites aos quais foi confinado pela Antiguidade. Deixou de ser o trabalho-penitência da Bíblia e da alta Idade Média. Progressivamente transformou-se em "um meio de salvação". Segundo a afirmação do medievalista Jacques Le Goff, desde a primeira metade do século XIV, "perder tempo transformou-se em um pecado grave; um escândalo espiritual".[3] Essa transformação do conceito de trabalho seguramente não foi generalizada. Não era o trabalho em si que era apreciado, mas tão somente o trabalho que se associava a uma obra. "Ocorreu uma cisão a partir do século XIII entre o trabalho manual, cada vez mais desprezado, e o trabalho 'intelectual' do mercador ou do universitário." O homem dos novos tempos era humanista. E, no início, o humanista italiano da primeira geração – que viveu em torno de 1400 – era ele mesmo um mercador que transpunha para a vida o tempo da organização de seus afazeres; que se organizava em função do tempo. Essa ruptura transformou o ritmo ao qual estava ligada a economia agrária, ritmo "sem pressa, sem necessidade de exatidão, sem inquietação com a produtividade – e de uma sociedade espelhada nisso, sóbria, pudica, sem grandes apetites, pouco exigente e pouco capaz de esforços quantitativos".

A ascensão do mundo moderno

O número de invenções produzidas ou importadas entre os séculos XII e XVIII foi simplesmente estarrecedor: da arquitetura gótica aos relógios de pêndulo, passando pelo papel, pela imprensa, pelos óculos, pelos instrumentos de música e pelos têxteis de qualidade... Se elas tiveram pouco impacto sobre o crescimento econômico do conjunto é porque se mantiveram durante muito tempo como bens de luxo, reservados a um pequeno número de usuários. A imprensa não repercutia, inicialmente, mais do que nas populações que sabiam ler, que eram raras, porque era muito difícil ter acesso a um livro antes de Gutenberg!

Para medir o alcance geral dessas inovações, Gregory Clark reconstituiu um crescimento fictício, baseado em esquemas de consumo "moderno". Ponderando os setores da economia pela parte que eles tinham nas despesas do século XIX, ao invés de empregar as ponderações do século XIII, ele concluiu que o crescimento foi muito mais vigoroso do que se imaginava. De acordo com esse método, entre o período medieval e 1880 a renda *per capita* teria sido multiplicada por três. A produtividade da única indústria de livros cresceu, assim, 1% ao ano entre os séculos XVI e XVIII, passando de uma oferta de 120 manuscritos por ano a 20 milhões de livros impressos em 1790.[4] A distância entre o crescimento dos setores modernos, reservados a uma elite, e o crescimento do conjunto mostra, aliás, que as grandes inovações desse período não foram guiadas pela busca do lucro, mas pela curiosidade dos inventores, por sua sede de conhecimento...

A história do pensamento filosófico e científico dos séculos XV ao XVII registrou inúmeros eventos que apontavam para um tremendo avanço da Europa. Em 1543, Copérnico publicou *De revolutionibus orbium coelestium*; em

1644, foram os *Principia philosophiae*, de Descartes; e, em 1687, apareceram os *Principia mathematica*, de Newton. A ciência instituiu uma nova unidade entre a pesquisa fundamental e a tecnologia. Os gregos dominavam a astronomia de Ptolomeu, mas nunca imaginaram sua utilização para fins úteis, como a navegação, por exemplo. Acreditavam que seria possível compreender o movimento das estrelas, mas não a trajetória de uma pedra.[5]

> Ao pensamento [dos gregos e romanos] escapava a possibilidade de conhecer o mundo sensível como território da razão, de dominá-lo e de controlá-lo por meio da verificação experimental. Esse espírito novo, de Bacon e de Descartes, remonta ao fim da Idade Média, ao começo do Renascimento, mas não antes disso.[6]

Como resumiu Alexandre Koyré em seu livro *Du monde clos à l'univers infinit*,[7] a ciência nova se caracterizou pela "persecução constante e consistente da matematização da natureza, e por sua não menos constante e não menos consistente valorização da experiência e da experimentação". Essa conjunção surpreendente da razão pura e da experimentação foi, como diria Einstein, o milagre improvável da ciência de Newton e de Galileu.

De um ponto de vista contemporâneo, a revolução científica foi uma benesse incomparável. Para aqueles que a testemunharam, foi vivida como uma ruptura ao mesmo tempo maravilhosa e dolorosa. Como afirmou também Alexandre Koyré, o deslocamento da concepção do universo como um espaço matemático, ao mesmo tempo infinito e vazio, fez percorrer

> pelo espírito humano, ou pelo menos no do europeu, uma revolução espiritual profunda que alterou o próprio quadro e padrões do nosso pensamento. Alguns falarão de crise da consciência europeia. Outros de secularização da consciência, a substituição da preocupação pelo outro mundo e pela outra vida pela preocupação com esta vida e este mundo… Os historiadores da filosofia colocarão ênfase na descoberta pelo homem de sua subjetividade essencial. Os historiadores da literatura descreverão o desespero da confusão

que a filosofia nova aporta a um mundo onde toda a coerência tinha desaparecido e na qual os Céus não clamariam mais a glória do Eterno.

Qualquer que tenha sido a dor deste parto, o homem moderno, com suas dúvidas e esperanças, nasceu aqui.

O equilíbrio das potências

Nenhuma teoria jamais conseguirá dar conta, sozinha, das causas da origem da guinada dada pela Europa entre os séculos XII e XVIII. Parece, no entanto, indiscutível que o vazio causado pelo desaparecimento do Império romano e a rivalidade entre as novas potências europeias para ocupar esse espaço vazio desempenharão um papel essencial na maneira pela qual evoluirão as personalidades política, econômica e moral da Europa.

A noção de um "equilíbrio de potências" – em inglês, *balance of powers* – é geralmente associada ao Tratado de Utrecht, assinado em 1713, que sela um compromisso entre a França, a Inglaterra e a Espanha. Esse tratado está no centro da dinâmica política da Europa desde a origem, desde a divisão do Império entre os herdeiros de Carlos Magno, em 843. Cada rei desejará "reinar em seu próprio reino". Essa competição permanente entre os Estados explicará o ciclo imutável de guerra e de paz ao qual a Europa sempre foi submetida.

Eric Jones, em seu livro *The European Miracle*,[8] observou que a geografia pode dar uma explicação possível para a trajetória política da Europa. Suas fronteiras naturais, os Alpes, os Pireneus ou o canal da Mancha, explicam a Imensa dificuldade de se constituir um império novo, após a queda do Império romano. Essas defesas assim oferecidas à Inglaterra, à Espanha e, em menor escala, à França explicam ainda por que essas três nações alcançaram maior estabilidade política do que seus vizinhos alemães, austríacos ou poloneses. A posição periférica da Europa no conjunto eurasiano também a protegeu dos assaltos repetidos dos mongóis. Ao contrário das vilas muçulmanas, como Bagdá ou Damas, que foram aniquiladas pelos sucessores de Gêngis Khan – cuja ameaça continuaria no âmago das preocupações chinesas –, o medo dos mongóis desapareceria lenta, mas seguramente, do imaginário europeu.

A história das guerras no continente sugere um fio condutor fundamental para as transformações que estariam por vir. Na Idade Média, todo vassalo devia um pagamento em espécie ao seu suserano. Durante um período de 40 dias, ele colocava à sua disposição um certo número de cavaleiros que no 41º dia eram liberados de quaisquer obrigações. O desenvolvimento da economia monetária, que se acelerou entre os séculos XI e XIII, permitirá a substituição do pagamento em espécie. Esse financiamento monetário vai liberar os monarcas das vicissitudes às quais conduziu o sistema dos 40 dias e vai tornar possível a criação de exércitos regulares. O suserano poderá, assim, recrutar mercenários, especialistas em todos os tipos de combate: arqueiros ingleses, lanceiros suíços, alabardeiros genebrinos... que irão, progressivamente, provocar o desaparecimento da guerra feudal.

As novas tecnologias militares darão vantagem aos exércitos numerosos, bem-equipados e inovadores. Na batalha de Crécy, os ingleses já dispunham de bombardas que lançavam projéteis sobre o inimigo, mas cujo efeito era, sobretudo, o de assustar os cavalos. Um século adiante, após numerosos aprimoramentos, os canhões ameaçavam verdadeiramente os castelos. A segurança que os senhores podiam oferecer à população e a si próprios desapareceu sob a ameaça de tiros de canhão. Entre 1450 e 1550, os senhores locais se renderam às evidências: uma fortificação, mesmo aprimorada, não os protegeria mais. Somente o poder de um rei seria capaz de garantir-lhes a segurança.

No domínio econômico, o feudalismo recuou a partir da grande peste bubônica do século XIV. Esta foi tão grave que reduziu em mais ou menos um terço a população europeia. Tal escassez súbita do homem em relação à terra proporcionou aos camponeses uma nova liberdade. Ela permitiu que abandonassem os senhores muito exigentes e pedissem refúgio em outros lugares, certos de serem acolhidos por outros senhores, dada a carência de mão de obra. Na "Europa ocidental", vale dizer, a oeste do Elba, a maior parte dos camponeses se tornou "livre" a partir de 1500. Podiam casar-se legalmente, migrar e tornarem-se proprietários de fato de suas terras. O sistema feudal já estava minado. Com os reis estendendo sua proteção aos camponeses, arruinou-se ainda mais a autoridade da justiça senhorial.[9]

A grande cisão entre a Europa oriental e a ocidental data dessa ruptura. E isso porque, no Leste, ocorreu o oposto: os camponeses perderam a batalha de sua emancipação. A classe dirigente os recolocou em seus lugares, explorando-os, em seguida, descaradamente, sem nem mesmo tentar inovar. Seria preciso esperar até o século XIX para que a escravidão fosse abolida na Rússia.

O processo civilizador

Entre a metade do século XVI e a metade do século XVII iniciou-se um estranho período de gestação que foi estudado cirurgicamente por Robert Muchembled, em seu livro *Une histoire de la violence*.[10] O sangue corria abundantemente. Reis eram assassinados – como Henrique III e Henrique IV, na França. A Europa conheceu um sem-número de guerras religiosas. A extrema desorganização do continente se intensificou pela incessante rivalidade entre Igrejas concorrentes e pela atividade de príncipes ambiciosos. Os numerosos exércitos que cruzavam as terras europeias infligiam os piores horrores aos vencidos, e até mesmo às populações civis. Porém, a consequência silenciosa dessa tendência foi fazer com que os Estados tentassem, mais ou menos rapidamente, desarmar e pacificar aqueles, entre seus cidadãos, que não fossem nem soldados nem guardiães da ordem.

Exortadas a não mais portarem armas, as populações deveriam colocar-se sob a proteção das polícias reais enquanto a justiça era imposta por forças armadas aquarteladas. Empreendiam-se esforços de natureza filosófica para distinguir a violência ordinária da violência "legítima" – aquela "que limita o direito de matar estritamente aos deveres sagrados relacionados à pátria, aos seres amados e à legítima defesa". Graças a isso, a partir da metade do século XVII, as estatísticas de assassinatos passaram a mostrar grande declínio. Iniciou-se, então, aquilo que Norbert Elias, em uma obra célebre, chamaria de "o processo civilizador", gerando uma civilização de autocontrole e de polidez.[11]

Os irredutíveis seriam eliminados sem piedade. De 1768 a 1772, de acordo com Muchembled, a polícia real francesa, reputada a melhor da Europa, recolheu 71.760 mendigos, sobretudo jovens camponeses desenraizados e sem esperança. Graças a esses resultados, o homicídio deixou de ser a preocupação principal das autoridades. As tensões judiciárias trocaram de alvo. Passaram a recair sobre os autores de furtos. "Um roubo simples, cometido pela criadagem, em que fosse subtraída a mínima coisa do senhor, como um lenço, poderia conduzir à prisão." A partir da metade do século XVIII, a propriedade dos bens passaria a ser essencial. A civilização burguesa se preparava para dominar o mundo.

Nascimento da democracia representativa

Um novo princípio regulador, originalmente frágil, surgirá no seio das nações desorientadas por essas transformações. Desde o século XIV observou-se na maior parte dos países europeus o aparecimento de assembleias de diversas denominações: estados-gerais, cortes, parlamentos... Essas assembleias tinham características comuns e respondiam às mesmas necessidades: fazer frente às obrigações orçamentárias dos Estados.[12]

O melhor lugar para se acompanhar a originalidade desse processo é a Inglaterra. Os barões que marcharam sobre Londres, em 16 de maio de 1214, conseguiram que João Sem Terra desistisse da decisão de aumentar a escudagem sem isentar nem mesmo aqueles que o haviam acompanhado à França. João fora obrigado a recuar e aceitar a Magna Carta, documento que antecipou em muitos séculos a Declaração dos Direitos do Homem. Os barões obtiveram do rei o compromisso de assegurar uma justiça imparcial e de garantir as liberdades individuais. Mas era sobretudo a questão fiscal que estava no cerne do texto. O rei devia submeter o aumento dos impostos ao Parlamento. Nasceu, assim, a democracia representativa.

Consultado sempre desde então, o Parlamento inglês manteve e reforçou sua legitimidade.[13] Quando os Stuart, em meados do século XVII, necessitaram de soluções para suas dificuldades financeiras, precisaram enfrentar uma assembleia. Como o reino carecia de uma administração fiscal eficaz, pedir socorro era absolutamente necessário. Duas revoluções – a de 1648 e a de 1688 – seriam necessárias para estabelecer o equilíbrio entre esse novo poder e o do rei. Os 13 artigos da Declaração de Direitos de 1689 consagraram o poder fiscal esboçado pela Magna Carta – sendo o rei impedido de aumentar os impostos ou armar um exército sem o concurso do Parlamento.[14]

Essa submissão dos governantes à tutela das finanças do reino revelou-se uma boa notícia. Ela protegeu os banqueiros e permitiu que os empréstimos de Estado fossem beneficiados por uma taxa de juros significativamente mais baixa do que as normalmente praticadas. Essas taxas cairiam de uma média de 9%, antes de 1688, para 3% em 1750. De acordo com Douglas North, prêmio Nobel de Economia, esse acontecimento foi decisivo. Para ele, a Inglaterra deveu seu êxito econômico às "melhores instituições", a um maior respeito à propriedade privada e a uma melhor proteção contra o risco de expropriação, garantias essas que tinham no Parlamento seu vigilante guardião.[15]

Essa tese, de aparência sedutora, foi, no entanto, criticada por numerosos historiadores. É possível mostrar, efetivamente, que as taxas de juros pagas pelo setor privado aumentaram, e não diminuíram, após a Revolução Inglesa, mantendo-se durante muito tempo no nível de suas homólogas europeias.[16] Porém, seriam essas taxas sobre as transações comerciais que fariam a diferença para o financiamento do investimento e para a acumulação do capital.[17] A ideia de que foi a Revolução Inglesa de 1688 que deu o pontapé inicial para o desenvolvimento do capitalismo não resiste, portanto, a uma análise mais profunda.

As magras taxas de juros pagas sobre a dívida pública inglesa, que decorriam da rivalidade militar entre a Inglaterra e a França, dariam uma vantagem decisiva à Inglaterra. Em seguida à custosa guerra que os dois países travaram quando da independência norte-americana, a Inglaterra financiará, sem transtornos, por empréstimo, suas despesas militares. A França, ao contrário, afundará nas dificuldades de financiamento e de refinanciamento de uma dívida cada vez mais pesada. À imagem dos países emergentes que hoje pedem socorro ao FMI para resolver seus problemas financeiros, Luís XVI confiou a um banqueiro suíço, Necker, a gestão das finanças públicas francesas. Querendo convocar os estados-gerais para resolver os problemas de orçamento do Estado, Luís XVI perderia a cabeça, da mesma maneira que Carlos da Inglaterra, da casa dos Stuart, perdeu a sua.

Conclusão

A Europa inventou um modelo político novo, o do Estado-Nação, a meio caminho dos dois grandes modelos anteriores: o modelo da cidade, do qual Atenas foi o exemplo perfeito e que sobreviveu em Veneza, em Florença ou nas vilas hanseáticas; e o modelo do Império, do qual Roma foi o marco. Este último se manteria durante muito tempo na mentalidade europeia como uma ficção potente, por exemplo, no Império romano-germânico (que seria formalmente abolido em 1806 por Napoleão). Nenhuma potência europeia jamais conseguiria restaurar a ordem imperial. Cada uma teve que aprender a viver no interior de suas fronteiras, em competição com as outras, situadas do outro lado de um mar ou de uma montanha. Essa tensão permanente será um dos fundamentos do dinamismo europeu. A Europa deverá aprender a conjugar a ideia de um império universal, presente notadamente na fé cristã, com a do gênio singular de cada nação.

É no cruzamento dessas tensões, militares e morais, que o pensamento humanista e científico irá prosperar. O processo de Galileu sufocaria, durante algum tempo, a ciência italiana, mas a tocha passaria, sem dificuldades, para a Inglaterra de Newton. Isso porque nenhuma ideia, por mais revolucionária que seja, pode ser sufocada por muito tempo. Ela achará sempre uma orelha caridosa ao lado de um rei ou de um príncipe tentado a levar vantagem sobre seu vizinho. A cultura comercial das cidades italianas passou, sem dificuldades, de Gênova a Antuérpia, Amsterdã e Londres. Antes de poder financiar sua viagem às Índias, Cristóvão Colombo, saindo ele próprio de Gênova, viajou por diversas capitais europeias que se recusaram a financiá-lo. Todas, menos a última: a capital do trono de Espanha, que era beneficiária de uma nova liquidez, decorrente da expropriação dos judeus espanhóis.

A rivalidade militar entre os Estados europeus dará a eles uma vantagem decisiva e muito mais direta quando eles exportarem seu poderio além-mar, na direção das Índias ocidentais e orientais. Seus exércitos, bem-equipados e muito profissionais, esmagarão sem dificuldade aqueles que encontrarão em seu caminho.[18] Graças a essa superioridade militar e ao manancial de ideias, que desembocará na revolução científica, o Ocidente poderá, agora, conquistar o mundo.

3. A lei de Malthus

O ferrolho agrícola

Apesar do novo dinamismo tecnológico, a Europa vai constantemente esbarrar em um obstáculo recorrente oriundo da mais remota Antiguidade: as crises alimentares. O período de esplendor do século XI ao XIII foi rapidamente interrompido pelo retorno da fome. Ela reapareceu no início do século XIV. *Fome, peste, guerra*: os três flagelos que atingiam toda a população, conjugando seus efeitos. No fim do século XIV, a população europeia diminuiu mais de um terço em relação ao máximo que havia atingido no início do século. Seria necessário esperar até o início do século XIX para que voltasse a esse nível. Foi essa ruptura que provocou, como já visto, o desmoronamento do feudalismo. A queda da população fez com que o trabalhador da terra se tornasse uma raridade. Os servos fugiam do domínio de seus senhores certos de que encontrariam acolhida em outro lugar.

O Renascimento, por volta da metade do século XV, correspondeu a um período em que a população, já reduzida, foi libertada do ferrolho alimentar. Graças a uma população menor, a Europa pôde aproveitar uma maior produtividade agrícola, concentrando o trabalho em terras mais férteis. Esse processo permitiu a liberação de uma parte da população, que migrou para as cidades e participou da retomada do comércio.

Mas as mesmas causas produzem os mesmos efeitos. O ferrolho agrícola volta a travar perto da metade do século XVII, tão logo a população europeia retorna ao nível em que estava no início do século XIV. Ainda que sem a mesma abrangência, o trio infernal composto pela fome, pela peste e pelas guerras veio, outra vez, devastar a Europa. A Guerra dos 30 Anos (1618-48) introduziu a disenteria, o tifo, a varíola e a peste. A fome atingiu regularmente a França entre 1628 e 1638, e de 1646 a 1652. Em 1693-94 foi tão severa que foi chamada de A Grande Fome. No despertar do século XVIII, a França era, de novo, um país pobre. Como isso foi possível após tanto esplendor? Esse é o paradoxo que os economistas tentarão resolver.

A lei do reverendo Thomas Malthus

A economia política clássica, que continua a inspirar os economistas até hoje, nasceu no fim do século XVIII repleta de vivas controvérsias sobre a questão de se saber se é a terra ou o homem a verdadeira fonte das riquezas.[1] Adam Smith e David Ricardo serão os grandes mestres. Mas a interpretação mais contundente da história humana, à qual todos aderirão, é um legado de Thomas Malthus, um pastor cuja lei seria, durante muito tempo, sinônimo de compreensão do mundo pelos economistas.[2]

A lei de Malthus pode se resumir desta maneira: quaisquer que sejam os progressos realizados pelas civilizações humanas no domínio das artes ou das técnicas, os rendimentos dos habitantes de uma nação não podem aumentar! A razão para isso é extremamente simples. Quando os rendimentos de uma nação aumentam, a população tende a crescer ainda mais rapidamente. Richard Cantillon[3] dirá mesmo que os homens, quando não submetidos à restrição (alimentar), se reproduzem "como ratos em um celeiro". Toda melhoria do nível de vida das populações desencadeia, desse modo, um crescimento exponencial dessa população. Essas melhorias serão, cedo ou tarde, interrompidas por falta de terras disponíveis.

A lei de Malthus parece extravagante. Seria possível que os rendimentos ficassem estagnados ao longo de milênios e milênios da existência humana? No entanto, ela foi confirmada pelos trabalhos mais recentes de economia quantitativa. Algumas comparações audaciosas foram feitas por Gregory Clark em um livro surpreendente, *Farewell to Alms: A Brief Economic History of the World*.[4] Ele demonstrou que o salário diário na Babilônia (entre 1880 e 1600 a.C.) representava, aproximadamente, 6,8kg de trigo. Em Atenas, esse salário subiu para 11,8kg. Na Inglaterra de 1780 caiu, de novo, para cerca de 5,9kg de trigo! O consumo calórico de um europeu certamente melhorou graças à importação de produtos novos como as especiarias, o açúcar, o chá e o café, da Ásia, ou as batatas e os tomates, da América. Mas esses acréscimos continuavam inexpressivos quando se constatava o hábito do consumo monótono do pão substituído, em alguns momentos, por um modesto suplemento de carne de vaca ou de carneiro, ou de queijo.

Comparando a agricultura inglesa, uma das mais produtivas da Europa no século XVIII, à de sociedades menos desenvolvidas, Clark chegou aos seguintes resultados surpreendentes. Um camponês inglês produzia cerca de 2.600 calorias (de trigo, carne ou banha) por hora. Um número expressivo de sociedades ditas primitivas tem um desempenho muito melhor do que esse. Os kaulus, da Indonésia, produzem 4.500 calorias; os txucarramães, no Brasil, produzem 17.600. Quando se constata que os caçadores-coletores não trabalhavam mais do que algumas horas por semana, ilustra-se a formidável degradação da condição humana que se produziu no curso dos dez mil anos que separam a descoberta da agricultura da época industrial![5]

A lei dos rendimentos decrescentes

Um princípio simples permite que essas evoluções sejam compreendidas. A produção agrícola está submetida a uma *lei de rendimentos decrescentes*. Quanto mais se cultivam terras para alimentar uma população em expansão, mais é preciso que a produção agrícola ocupe terras menos férteis, tornando mais difícil alimentar os homens e seus animais. Chega-se, fatalmente, a um ponto em que a população não pode mais continuar a crescer.

Assim se explica o surgimento da renda da terra. Ao forçar o preparo e o cultivo de terras ruins, o aumento da população oferece uma renda de situação aos proprietários dos melhores solos. Eles podem, sem temer a competição, cobrar mais caro por sua utilização. Essa teoria contradiz a ideia desenvolvida no século XVIII pelos fisiocratas. Para esses autores, liderados pelo dr. Quesnay, médico da corte, uma fruta plantada no solo por um homem podia produzir cinco e, logo, alimentar cinco vezes mais pessoas. A terra seria a única fonte de riquezas, de acordo com esse raciocínio, porque herda uma generosidade divina. No raciocínio de Malthus, tudo se passa ao contrário. Se Deus fosse infinitamente generoso, as boas terras seriam infinitamente abundantes e a renda da terra seria nula. A renda, portanto, mede a avareza divina, e não a sua generosidade.

A teoria da renda da terra explica também a equivalência que liga, na história, a aristocracia e a riqueza. Os primeiros nobres se apropriam do controle das melhores terras. Isso lhes provê de status e riqueza. Aqueles que chegam mais tarde adquirem as últimas terras disponíveis, ocupando um lugar na longa fila de "novos-ricos". Schiavone conclui que já na Antiguidade uma figura no centro do palco econômico rouba a cena: o senhor rentista. Qualquer outra imagem da riqueza não indicava mais do que um estado "transitório e ambíguo". Esses são os termos que valem para todas as épocas e para todas as civilizações, até a Revolução Industrial.

A ciência sinistra

A lei de Malthus fez com que a ciência econômica fosse chamada de ciência sinistra (*the dismal science*). Para os pensadores das Luzes, como Condorcet, na França, a miséria e a infelicidade não eram o resultado de uma natureza humana "má", mas de maus governos. Malthus, cujo pai era admirador dos iluministas, desejou mostrar exatamente o contrário: que o bom governo prejudicava, em termos, o bem-estar público. O que tinha a aparência de um bem – a paz, a estabilidade, a higiene pública – transformava-se em uma maldição: pois tudo favorecia a expansão demográfica e, finalmente, a miséria. Ao contrário, os vícios que são a guerra, a violência, a má vida criavam uma situação inversa: interrompiam a expansão demográfica, o que permitia (àqueles que sobreviviam) uma vida melhor. E, de fato, a grande peste bubônica que se abateu sobre a Europa a partir de meados do século XIV melhorou a situação econômica dos séculos seguintes...[6]

No mundo pré-industrial, uma mortalidade alta era, com efeito, uma coisa boa: eram umas tantas bocas a menos para alimentar. Uma má higiene não chegava a incomodar do ponto de vista social. Quando o teatro Globo foi aberto para as primeiras representações de Shakespeare, apenas uma cabine sanitária foi colocada à disposição dos 1.500 espectadores que o teatro podia comportar. O público satisfazia suas necessidades no jardim adjacente, ou até no próprio teatro, nas escadas ou nos corredores... A corte de Versalhes era igualmente conhecida por seu odor abominável.[7]

É possível, evidentemente, que uma teoria que pregue a equivalência entre o nível de vida atingido sob o reinado de nossos grandes reis do século XVII e a vida primitiva dos aborígines australianos ou amazonenses provoque estarrecimento. Como comparar o esplendor de Versalhes com a vida nos acampamentos de tribos de caçadores-coletores? Para uma resposta, precisamos separar os meios dos extremos. A massa dos habitantes não vivia melhor, na Europa do século XVIII, do que na savana africana muitos milênios antes. Mas uns poucos ricos, podendo apoiar-se em populações mais numerosas, são realmente bem mais ricos. Pois o paradoxo central que resume todos os outros é o seguinte: no mundo malthusiano, as desigualdades são uma coisa boa! Elas não apenas não mudam nada no nível de vida das classes populares, como tiram da miséria aqueles que as exploram... As desigualdades aumentam, assim, os rendimentos médios. Trata-se, verdadeiramente, do reino da prosperidade do vício.[8]

Outro paradoxo central das sociedades governadas pela lei de Malthus é que o trabalho não compensa. Quanto mais uma sociedade é industriosa, mais os rendimentos da hora trabalhada se reduzem. Os caçadores-coletores ganhavam tanto quanto os operários ingleses das primeiras indústrias, porém, trabalhando muito menos. O operário do início do século XIX trabalhava dez horas por dia, mais de 300 dias por ano, em média, para obter, ao final, os mesmos rendimentos. Já em uma sociedade de caçadores-coletores como a dos huis, que vivem na Venezuela e da qual se podem medir os hábitos e costumes, os indivíduos trabalham, em média, duas horas por dia.

A lei de Malthus foi o verdadeiro marco fundador da ciência econômica moderna. Influenciará profundamente os economistas clássicos, que irão, todos, aderir à sua visão pessimista de uma história humana condenada à pobreza perpétua. Marx será o digno herdeiro dessa lei, e sua obra inteira estará destinada a provar que o proletariado não poderá jamais enriquecer dentro do capitalismo. A teoria de Malthus desempenhou, nesse sentido, outro papel importante, de natureza filosófica. Ela demonstrou, com efeito, que o homem estava submetido a uma lei que ele não compreendia. Darwin não se enganou quando dedicou a Malthus seu livro *A origem das espécies*.[9]

O primeiro país da Europa que se engajou verdadeiramente naquilo que seria chamado de "transição demográfica" foi a França. Essa transição foi o processo que fez passar o número de crianças dos altos níveis da época pré-industrial (até dez crianças por mulher, em média) aos associados ao mundo moderno (a saber, duas crianças ou menos, em média). Os economistas explicarão que a transição demográfica resultou da prosperidade material e dos avanços na saúde pública. Graças a esses avanços, as famílias passaram, de acordo com a expressão de Gary Becker, do reino da quantidade ao reino da qualidade: há menos crianças, porém, elas são mais bem-cuidadas, uma vez que se assegura que elas não morrerão jovens... A França invalidou, no entanto, esse raciocínio. Desde a metade do século XVIII, antes mesmo que os progressos da civilização material se fizessem sentir, os franceses registraram uma baixa espetacular de natalidade que fez com que o país, considerado durante muito tempo "a China da Europa", fosse alcançado, em matéria de população, por outros que anteriormente tinham populações bem menores. A título de exemplo, havia mais franceses do que russos no início do século XVIII, e quatro vezes mais franceses que ingleses. Se a França tivesse tido o mesmo crescimento demográfico que a Inglaterra ao longo de todo o século XIX, hoje haveria cerca de 200 milhões de franceses na Europa![10] Esses números mostram a medida das forças demográficas em jogo.

A Alemanha vivenciou durante muito tempo ainda a experiência de uma demografia vigorosa, ultrapassando a França na metade do século XIX. O crescimento da população foi uma das razões principais para que os países que ingressaram tardiamente na modernidade tivessem uma tendência a ultrapassar outros mais industrializados. Esse desequilíbrio entre a França e a Alemanha desempenhará um papel importante na eclosão das guerras do século XX.

4. Prometeu desacorrentado

A Revolução Industrial

Por volta da metade do século XVIII, a Europa sofreu uma reviravolta cuja importância só é comparável à da revolução neolítica. Progressivamente, no período de um século, a Revolução Industrial interromperá a permanência imemorial do homem no país de Malthus. Transformará o modo como a vida humana era vivida de uma maneira impossível de ser imaginada poucos decênios antes. O que teria acontecido?

Como seu nome indica, essa ruptura vai ser conduzida pela emergência de novas técnicas no domínio industrial. A mais célebre foi a máquina a vapor, de James Watt, que impulsionou o aperfeiçoamento de um conjunto de inovações que visarão, inicialmente, melhorar o bombeamento das minas. Mas, com a máquina a vapor, o mundo vai aprender a realizar muito mais coisas do que bombear a água das minas. Vai ser possível desenvolver a indústria têxtil, as ferrovias e, depois, os barcos a vapor... Graças a ela, a mecanização do mundo poderá verdadeiramente começar.[1]

Aristóteles explicava a escravidão com uma fórmula célebre:

> Se a lançadeira corresse sozinha sobre a trama, a indústria não teria trabalhadores. Se cada ferramenta pudesse executar, com um comando ou por si mesma, a tarefa que lhe fosse peculiar, o arquiteto não precisaria de mão de obra nem o senhor de escravos.

A história da fiandeira têxtil inglesa permite acompanhar de maneira absolutamente precisa o caminho seguido por essa previsão.

Em 1733, um tecelão genial chamado John Kay inventou uma lançadeira volante "que corria sozinha sobre a trama", conforme sonhava Aristóteles. Criou um sistema de reenvio automático da lançadeira que permitia tecer larguras maiores do que a extensão do braço do tecelão. Graças à sua invenção, a velocidade do trabalho foi duplicada. Kay foi, então, imediatamente expulso de sua cidade natal, Colchester, e perseguido de cidade em cidade por desordeiros que entendiam perfeitamente que a lançadeira lhes tomaria "seus" empregos. Morrerá na miséria, na França, como imigrante.

No entanto, essa descoberta daria à indústria têxtil inglesa uma vantagem que duraria quase um século e que foi, sozinha, responsável por quase 50% do crescimento britânico na primeira metade do século XIX. A lógica desse processo ilustra, de maneira exemplar, o funcionamento do capitalismo. Fora de Colchester, a máquina de Kay se disseminou, reduzindo espetacularmente os custos. Mas a expansão da tecelagem exigiu que a atividade fiandeira acompanhasse seu ritmo. E as velhas rodas de fiar eram lentas demais. Aumentavam os atrasos na entrega dos fios e, também, os preços. Seria necessário esperar 1764 para que outro inventor genial, Arkwright, conseguisse desenvolver uma máquina de fiar, a *waterframe*, que permitia que os operários acionassem oito, depois 16 e, logo em seguida, 60 fusos de cada vez, utilizando a energia hidráulica. E para melhorar a força motriz de seu negócio, em 1777 ele procura James Watt, cuja máquina a vapor seria aperfeiçoada para esse uso.[2]

Em seu desenvolvimento, a indústria têxtil encontrou novos pontos de estrangulamento, como o branqueamento das tinturas. Anteriormente, os tecidos eram branqueados com leite coalhado seco ao sol. Eram necessários muitos campos e muitas vacas. Toda a indústria química se concentrou, então, na tarefa de resolver essa disfunção, fato que contribuiu para uma produção rápida de inovações radicais. Passamos, no início, do leite de vaca à soda. Mas esta era produzida a partir de uma planta rara, a salicórnia, que faltou durante as guerras da Revolução e do Império. O procedimento criado pelo francês Nicolas Leblanc foi, então, pouco a pouco adotado. O cloro, isolado em 1774 por ele, passou a ser a base do processo de branqueamento.

Mas branco é uma coisa, cor é outra. A corrida da indústria de corantes tornou-se o grande tema do século XIX. A primeira tintura sintética, comercializada em 1856, foi desenvolvida por um químico inglês chamado W.H. Perkin. Ela permitiu à rainha Vitória ostentar uma soberba malva na Exposição Universal de 1862, provocando a cobiça de todos os químicos europeus. A indústria alemã nasceu desse desafio. Em 1869, ela realiza a síntese da alizarina, que substituiu a garança, cultivada no Vaucluse, como base para as cores vermelhas. Graças aos lucros excepcionais que resultaram disso, multiplicaram-se as pesquisas teóricas, associadas pela primeira vez na história à busca do lucro. Até ser descoberto o Santo Graal: a síntese do índigo, que seria comercializada em 1901. De passagem, a indústria química inventou a aspirina, em 1899, e arrastou, na sua esteira, a indústria farmacêutica moderna...[3]

Já estamos longe do começo difícil de John Kay, mas o caminho que ele abriu permitiu compreender a lógica das inovações industriais. O princípio dessas inovações é sempre o mesmo. A pressão para que cresçam empurra os setores retardatários até um ponto de ruptura, provocando inovações que rompem o equilíbrio anterior e tomam, algumas vezes, um caminho autônomo. Essa dinâmica torna-se absolutamente corriqueira. Um desequilíbrio provoca outro, mas essa corrida provoca, *in fine*, o crescimento do conjunto.

A Inglaterra é um caso único pela maneira como manipulou o crescimento de seu conjunto em consonância com alguns dos setores de ponta, os *leading sectors*: o têxtil, a siderurgia, no início, e, depois, a construção mecânica e a construção naval vão se apoiando nas exportações em busca de oportunidades. Desse modo, a Inglaterra avançou muito mais do que os outros países na polarização regional das atividades: o algodão, em Manchester, a construção mecânica, em Glasgow... Inaugurou, assim, a matriz do que seria, mais tarde, o modelo asiático. No continente, notadamente na França, a evolução seria mais lenta. O maquinismo progrediu gradualmente, mas a produção permaneceu artesanal durante um tempo bem maior. Um século mais tarde, no entanto, o resultado seria o mesmo: a sociedade industrial tomaria o lugar da sociedade rural.

A ciência reencontrada

David Landes analisará a Revolução Industrial em seu célebre livro intitulado *Prometeu desacorrentado*. Prometeu trouxe o fogo para os homens e foi preso em um tronco por Zeus. James Watt o libertou; a energia criativa do homem foi novamente liberada. O papel desempenhado pela ciência nesse processo, que parece evidente hoje, foi durante muito tempo negligenciado pelos historiadores como fator explicativo da Revolução Industrial. De fato, tornou-se corriqueiro notar que as grandes invenções do século XVIII na metalurgia, nos têxteis, na energia foram façanhas de técnicos geniais, e não de intelectuais. Contudo, mesmo quando esses artesãos talentosos, que inventarão a máquina a vapor ou o tear mecânico, eram iletrados cientificamente, eles podiam se voltar para os intelectuais ou para seus escritos se necessário. Como demonstra perfeitamente Joel Mokyr, os artesãos viveram em um meio impregnado pela preocupação com a experimentação científica.[4] Desse modo, quando William Cooke, anatomista e empreendedor, inspirado por uma conferência proferida por um intelectual alemão, começou a pensar no telégrafo, consultou o grande Faraday e, depois, o professor Charles Wheatstone, com o qual registrou a patente do primeiro telégrafo.

As máquinas a vapor testemunharam perfeitamente a interação sutil entre a inovação do tipo artesanal e a pesquisa científica. No início, quando Newcomen ou Papin davam tratos à sua engenhosidade, intuição mecânica e bons métodos experimentais eram excelentes substitutos para uma ciência formal. Foi o que permitiu a James Watt transformar uma invenção desajeitada em uma fonte universal de energia. A teoria da máquina a vapor e a maneira de torná-la eficiente viriam logo em seguida, com os trabalhos de Sadi Carnot, em 1824, que mostrarão que a diferença de temperatura é uma fonte eficiente. A etapa seguinte foi ultrapassada por Joule, que estabeleceu a conversão entre energia e calor. Os trabalhos de Joule e os de Carnot foram reunidos por um alemão, Clausius, inventor da entropia. Em 1850 nasce uma nova ciência, chamada termodinâmica pelo inglês William Thomson, que mais tarde se tornaria lorde Kelvin. Em 1859, o *Manual of Steam Engine*, de William Rankine, vulgarizava os resultados da termodinâmica para que os engenheiros fizessem bom uso dela.[5]

Joel Mokyr resumiu perfeitamente esse processo: se deixarmos de lado as perguntas sobre as causas imediatas da Revolução Industrial para nos perguntarmos sobre as razões pelas quais o crescimento não foi interrompido, por exemplo, em cerca de 1850, nos daremos conta de que a base científica tinha se tornado crucial. Não serão as "engenhocas" milagrosas dos anos de grandes invenções, entre 1760 e 1790, que farão a diferença, mas a dinâmica do progresso científico que se seguirá, permitindo que fossem evitados os bloqueios com os quais o crescimento fatalmente iria se confrontar.

Não é, portanto, inútil sublinhar, a esse respeito, que a ciência se desenvolveu na França e na Alemanha mais do que na Inglaterra. A Inglaterra, local da primeira Revolução Industrial, perderá progressivamente sua ascendência sobre o mundo industrial. Uma das razões, sugerida por Mokyr, é digna de reflexão. A Inglaterra não soube adaptar seu sistema de educação. As elites continuaram a frequentar os colégios elegantes onde se aprendiam os códigos sociais. Já na França e na Alemanha, as grandes escolas de engenheiros, criadas para recuperar seu atraso diante da Inglaterra, formarão os quadros da segunda Revolução Industrial, a da eletricidade e do motor a explosão.

O carvão, o trigo e os escravos

A Inglaterra dos séculos XVIII e XIX vai conhecer um formidável crescimento demográfico, em perfeita conformidade com a predição malthusiana. A população inglesa passa de 7 milhões em 1701 para 8,5 milhões em 1801, e para 15 milhões em 1841. A explosão demográfica obedeceu a um esquema tradicional: a idade de casamento simplesmente retrocedeu nesse período, em média, três anos, passando de 26 para 23 anos no caso das mulheres. Seria necessário esperar até o fim do século XIX para que se observasse o término da transição demográfica inglesa, que fará passar o número de crianças de um nível elevado, observado antes da Revolução Industrial, aos níveis "modernos" de duas ou três crianças por mulher. O que aconteceu nessa transição?

Para surpresa geral dos economistas malthusianos, a duplicação da população não foi acompanhada por uma perda de rendimentos. O rendimento por habitante aumentou, na verdade, em torno de 10%, o que demonstra que o problema alimentar fora resolvido. Como foi possível que a Inglaterra passasse a alimentar toda essa população? As novas tecnologias demorariam a encontrar aplicações úteis no setor agrícola.[6] De fato, foi necessário esperar até o último terço do século XIX para que os progressos da indústria química permitissem o desenvolvimento de fertilizantes que aumentassem efetivamente a produtividade agrícola.

Não foi, portanto, um melhor uso das terras que permitiu à Inglaterra se alimentar. O que ela fez, então? A resposta é simples. O segredo consistirá na exportação dos produtos industriais e na importação dos produtos da terra. A Inglaterra adotou, como já se disse, o modelo que viria a ser o dos novos países industrializados dos anos 1970, e o mesmo da China de hoje: uma estratégia de crescimento totalmente puxada pelas exportações, especialmente, em uma primeira fase, da indústria têxtil, em que as receitas permitem a importação dos produtos agrícolas faltantes.[7]

As exportações dos bens industriais passaram a representar, dessa maneira, a partir de 1830, a metade da produção industrial inglesa. Jamais o mercado interno teria podido oferecer escoamento suficiente para a produção nacional, e jamais as terras disponíveis na Inglaterra teriam sido suficientes para nutrir a população ou fornecer as fibras naturais necessárias à indústria. A Inglaterra, assim, vai se apoiar no Canadá para a madeira; a Austrália se tornará seu principal fornecedor de lã; novos produtos foram, igualmente, importados: a juta, da Índia, e o óleo de palma, da África ocidental.

Outra grande reserva de recursos naturais que o país irá explorar será a dos Estados Unidos. A exploração de terras virgens no Novo Mundo se transformará, no entanto, em um problema: o fato de elas serem abundantes significava também que eram pouco povoadas. O trabalho era raro nesses lugares e, logo, caro. Quem cultivaria as terras novas? A resposta é de sinistra memória. Esse trabalho foi fornecido pela África. Um comércio triangular se constituiu então. A Inglaterra vendia têxteis para a África, que exportava escravos para a América, que exportava algodão para a Inglaterra. Fogel e Engerman, em um livro que perturbaria a historiografia desse tópico, *Time on the Cross*, publicado em 1974, demonstraram a eficácia do sistema. De acordo com certas estimativas, os escravos produziram dois terços das exportações norte-americanas destinadas à Inglaterra, sendo o açúcar e o algodão as principais mercadorias. Se a falta de escravos ajudou a estabelecer o declínio do Império romano, foi a abundância de escravos que permitiu o crescimento do Império britânico.

Além dos recursos naturais importados, a Inglaterra fez uso igualmente de um recurso doméstico de valor inestimável encontrado em seu subsolo: o carvão. Este forneceu uma alternativa inesperada aos recursos energéticos tradicionais, que dependem, direta ou indiretamente, de terras disponíveis, quer se trate de terras agrícolas para alimentar homens e animais, quer se trate de florestas para as energias relacionadas à madeira. A Inglaterra, que já estava a ponto de ver suas florestas desaparecerem, teve, assim, a sorte de dispor de carvão em abundância. O carvão se transformaria na fonte principal de energia para a indústria têxtil. E seria também o combustível dos novos meios de comunicação, como as ferrovias e, sobretudo, o barco a vapor, que passará a ligar comodamente as duas margens do Atlântico, aproximando a Inglaterra de seus mercados fornecedores.

O cerco se fechou. O milagre "prometeico" teria vida curta sem as reservas de carvão do subsolo inglês, as terras norte-americanas e os escravos africanos. A lei de Malthus foi vencida, mas sem glória.

5. O crescimento perpétuo

Smith, Marx e os humanoides

Na metade do século XVIII, os economistas imaginarão a possibilidade de uma economia inteiramente regida pelo funcionamento dos mercados antes mesmo que isso seja verdadeiramente o caso.[1] O autor principal, aquele que estabeleceu as fronteiras dentro das quais ainda hoje se pensa a economia de mercado, foi Adam Smith, cujas teorias foram expostas em seu célebre livro *A riqueza das nações*, publicado em 1776.

Smith queria demonstrar que, graças ao mercado, cada indivíduo poderia especializar-se na execução de uma só tarefa – médico ou advogado, padeiro ou sapateiro –, sem precisar se preocupar com que faltassem mercadorias que ele próprio teria de fabricar. Essa cooperação silenciosa, essa "mão invisível" que liga entre si os participantes da troca, se apoia em uma constatação simples: cada indivíduo busca o próprio interesse. Foi essa ideia que inspirou Adam Smith a enunciar a célebre frase: "Não é da benevolência do padeiro, do açougueiro ou do cervejeiro que eu espero que saia o meu jantar, mas sim do empenho deles em promover seu próprio interesse."

Smith é, aqui, tanto filósofo quanto economista. A palavra "interesse" não se revestia ainda, na época em que a utiliza, do significado neutro que adquiriu depois para caracterizar o cálculo econômico. Como mostra brilhantemente Albert Hirschman em seu livro *As paixões e os interesses*, trata-se de um termo que durante muito tempo foi sinônimo de avareza, figurando com destaque em *O inferno*, de Dante, ao lado de orgulho e inveja.[2] Em uma obra publicada antes de *A riqueza das nações* e intitulada *A teoria dos sentimentos morais*, Adam Smith revelava que não tinha nenhuma ilusão sobre o alcance desse termo:

> Qual é o objeto de todo esse labor e de toda essa agitação que se faz aqui? Qual é a finalidade da avareza, da ambição, da busca de riquezas, do poder, das destruições? De onde nasce essa ambição de ascensão que atormenta todas as classes da sociedade e quais são as vantagens que esperamos desse fim designado ao homem e que chamamos melhoria de nossa condição?

A resposta proposta por Smith, parodiando Hegel, poderia ser chamada de o desejo do desejo do Outro:

> Esperamos outras vantagens além das de sermos notados e considerados, nada mais do que sermos olhados e considerados, nada mais do que sermos olhados com atenção, com simpatia e aprovação. Isso decorre de nossa vaidade, e não de nossa comodidade ou de nosso prazer.

Uma diferença essencial, no entanto, distinguia a avareza das outras paixões. Bem direcionada, ela poderia contribuir para o bem público, enquanto as outras paixões seriam destrutivas. O autor que inspirou Adam Smith foi Bernard Mandeville, que publicou, em 1705, uma *Fábula das abelhas*, cujo subtítulo é eloquente: *Vícios privados, virtudes públicas*. A conclusão da *Fábula das abelhas* tinha um valor programático: "O vício é tão necessário a um Estado florescente quanto a fome é necessária para obrigar a comer. É impossível que apenas a virtude torne uma nação célebre e gloriosa." Ao demonstrar que a ambição, a vaidade e a necessidade de consideração podiam ser satisfeitas pela melhoria das condições materiais, Smith pôde enunciar sua teoria da "mão invisível", segundo a qual "sem qualquer intervenção da lei, dos interesses privados e das paixões, os homens são levados a dividir e a repartir o capital ... na proporção que ele se aproxime o máximo daquilo que demanda o interesse geral".

Desde então, não será mais útil perguntar-se sobre os motivos morais que levam os homens ao desejo de enriquecer, sendo suficiente concentrar-se em suas consequências. O mercado não tem nenhuma necessidade de saber onde estão o bem e o mal, contenta-se em medir o esforço que cada um está disposto a fazer para enriquecer. Essa é a verdadeira mensagem de Adam Smith. Em um exemplo tornado clássico, ele explica que, em uma sociedade de caçadores, o preço de um castor se compara ao de um cervo com base no tempo necessário para matar um e outro. Se for necessário duas vezes mais tempo para matar um cervo, seu preço será, necessariamente, duas vezes superior ao do castor. Se ele valesse menos, os caçadores parariam imediatamente de perseguir os cervos. O mesmo raciocínio se aplicaria aos castores no caso inverso. Não há necessidade de conhecer a motivação de uma ou de outra categoria de caçadores para chegar a esse resultado.

De uma forma mais elaborada, o mercado realiza ainda mais. Graças à divisão do trabalho que ele estimula, permite tornar os trabalhadores mais produtivos. No exemplo famoso da fábrica de alfinetes (tirado de uma visita à Normandia realizada como preceptor de um jovem aristocrata), Adam Smith constata que dez trabalhadores conseguem produzir 48 mil alfinetes por dia, enquanto um operário, sozinho, não conseguiria produzir mais do que 200. Ao centralizar-se a produção de alfinetes, multiplica-se por 20 ou 30 a produtividade de cada trabalhador.

O que limita esse processo, explica Smith, é o tamanho do mercado. Se por um lado é excelente dividir as tarefas, por outro vai ser necessário saber a quem vender os 48 mil alfinetes produzidos. Se a demanda não for superior a 200 alfinetes por dia, seria preferível empregar um só trabalhador, mesmo que ao preço de uma produtividade menor. No entanto, à medida que a riqueza aumenta, é possível conceber que um processo endógeno de aumento da produtividade será desencadeado. Quanto mais a sociedade enriquece, maior a divisão do trabalho, maior a produtividade e mais robusto se faz o crescimento. Um enriquecimento *indefinido* torna-se possível.

O próprio Adam Smith não irá tão longe: o exemplo da fábrica de alfinetes apenas o leva a desejar que a esfera do mercado seja a mais larga possível. Ele clama, então, pelo término das atividades não mercantis (atividades domésticas) e expressa a vontade de que o maior número delas transite pelo mercado. Como diria a propaganda: todos ganharão, aqueles que compram e aqueles que vendem.

O capital

Vejamos, agora, outro ponto de vista:

> Este meu filho, afirma uma mulher cujo testemunho Marx relatou, quando tinha sete anos de idade, eu o carregava nas costas através da neve, na ida e na volta da fábrica, e ele trabalhava 16 horas! Muitas vezes ajoelhei-me para lhe dar comida, enquanto ele estava perto da máquina, pois não devia nem abandoná-la nem interromper seu trabalho.[3]

Marx, que publica sua obra-prima, *O capital*, um século após Adam Smith, tem sob os olhos a imensa transformação da sociedade inglesa induzida pelo capitalismo. O mercado não era, a seu ver, um fator de enriquecimento universal, mas de exploração de alguns por outros: não pacifica a sociedade, arma uma guerra interior, a luta de classes.

Marx introduziu a condição operária nos livros de economia. O trabalho industrial deixou de ser um princípio abstrato, "uma ideia para o futuro". Tornou-se uma realidade miserável. Para apreender a maneira pela qual o capital explora o trabalho, Marx introduziu uma oposição fundamental entre o trabalho puro e simples e a "força de trabalho". Suponhamos que um caçador de castores precise de dez horas para matar o animal: o preço deste será, então, como diria Smith, o equivalente monetário a dez horas de trabalho. O problema é que ninguém pode garantir que ao caçador seja paga essa quantia. Se esse caçador é contratado por um capitalista, quanto este deveria lhe pagar? O preço de mercado do caçador corresponderá, *no mínimo*, ao custo necessário para alimentá-lo, vesti-lo e dar-lhe abrigo, em suma, permitir que possa trabalhar: eis o preço de sua "força de trabalho". O capitalista deveria pagar mais? Não, se existir um número suficiente de trabalhadores prontos a aceitar a tarefa para não morrer de fome. Nesse caso, seria suficiente pagar-lhe a tarifa mínima. Digamos que para alimentar um trabalhador seja necessário o equivalente a quatro horas de trabalho e que este trabalhador pode trabalhar dez horas: a diferença corresponde à "mais-valia" que o patrão pode embolsar.

Essa mais-valia, esse sobretrabalho, é a fonte do lucro. À imagem do deus generoso dos pensadores fisiocratas, a natureza permite aos capitalistas enriquecerem utilizando uma capacidade única dos homens: a de trabalhar mais do que o custo para que permaneçam vivos.

Marx estava convencido de que o capitalismo só pode gerar lucros sob a condição de manter o proletariado na miséria. "Qualquer que seja a taxa de salários", concluirá, "a condição do trabalhador deve piorar à medida que se acumula o capital. [A burguesia] é incapaz de assegurar a existência de seu escravo mesmo no seio da escravidão."[4] Malthus transformava a pressão demográfica na principal razão para esse equilíbrio sinistro. Marx importou a teoria malthusiana para o mundo industrial por meio de uma ideia nova: a do exército industrial de reserva. Para impor salários baixos, fontes de mais-valia, o capitalismo precisa manter uma massa de proletários desempregada, o que obriga aqueles que têm um emprego a aceitar um salário de subsistência. Para garantir seu bom funcionamento, o capitalismo substituiu a pressão demográfica por uma miséria construída por ele mesmo.

Os humanoides

Marx pensava como Aristóteles e como David Ricardo, que as máquinas rivalizam com os trabalhadores. A seus olhos, as novas máquinas reduziam a demanda de trabalho, aumentando o exército industrial de reserva e condenando o proletariado à miséria eterna. O paradoxo, que é difícil de entender, é, no entanto, que uma máquina permite tornar mais produtivo o trabalho de quem a aciona, tornando possível, assim, um aumento do salário do trabalhador. Esse é o fundamento do que se chamará de teoria neoclássica, que adaptará as teorias de Smith e de Ricardo às novas realidades do mundo industrial.[5] De acordo com essa teoria, o homem e a máquina são complementares, assim como o homem e a terra puderam ser nos tempos pré-industriais. O lucro não é, de acordo com essa teoria, um roubo: ele mede a contribuição das máquinas à produtividade do trabalho.[6]

A maior diferença entre a terra e o capital é, portanto, a seguinte. Quando a população trabalhadora aumenta, pode-se aumentar igualmente o número de máquinas, embora seja difícil (e por vezes impossível) aumentar o número de terras cultivadas. Assim, em uma sociedade industrial, a demografia não é mais um problema. A renda *per capita* pode permanecer estável, apesar de um aumento da população. A indústria frustra, dessa maneira, a lei dos rendimentos decrescentes. A escala da produção não incide sobre sua eficácia: se se duplica o número de trabalhadores, e também o número de máquinas, é possível duplicar, sem susto, a produção. Ao contrário da agricultura, a indústria obedece a uma *lei de rendimentos constantes*.

No entanto, ainda falta explicar o essencial: como é possível que o rendimento por habitante não apenas seja estável, mas cresça indefinidamente? Aumentar o número de máquinas não pode ser a solução: não temos mais do que uma cabeça e dois braços... Chega um momento em que a multiplicação de máquinas comandadas por um único operário torna-se inútil. Devemos a Robert Solow a proposição de uma teoria simples e poderosa que dá conta do elo perdido.[7] Aos dois fatores de produção, o capital e o trabalho, Solow acrescenta um terceiro, ao qual chamará de "progresso técnico". John Kay não coloca duas máquinas antigas nas mãos de um tecelão, porém uma máquina inteiramente nova que lhe permite acionar diversos fusos. Pressionando uma única tecla em um computador é possível, hoje, realizar uma cascata de tarefas que precisavam ser realizadas por muitas pessoas anteriormente: ditar, datilografar e enviar uma carta, por exemplo.

O progresso técnico permite ao mesmo trabalhador ter "diversos pares de braços". Opera como um multiplicador do número de horas trabalhadas. Graças às novas tecnologias, quatro horas de trabalho no século XIX equivalem a uma hora no século XX. Sob o trabalho aparente de uma só pessoa, muitos "humanoides" trabalham silenciosamente no lugar de humanos. O rendimento *per capita* pode, dessa forma, crescer no mesmo ritmo que o progresso técnico, que mede a demografia dos humanoides.

Tudo parece claro, menos uma questão que se torna essencial: de onde vem esse progresso técnico?...

Mozart e Schumpeter

Para apreender a dimensão do mundo aberto pela Revolução Industrial e compará-lo ao que o precedeu, o economista Michael Kremer propôs uma teoria ambiciosa que permite fazer uma ponte entre a teoria malthusiana da era pré-industrial e a teoria do crescimento moderno.[8] Kremer supõe que a produção de ideias antes da era industrial resulta de uma lei simples que pode ser chamada de princípio de Mozart: cada um de nós tem a mesma chance de ter uma ideia genial, de ser um Mozart em potencial. Essa hipótese razoável coloca em andamento um processo extremamente poderoso. Quanto mais seres humanos no mundo, mais ideias podem ser geradas e mais essas ideias permitem criar técnicas novas. Estas pressionam os limites econômicos e, logo, demográficos das sociedades onde se desenvolvem. Novos humanos podem, então, nascer e suas ideias florescerem, continuando o processo indefinidamente...

Um mecanismo autocatalítico entra então em ação, o que explica por que a população humana cresceu tão rapidamente. Contavam-se 10 milhões de humanos no Neolítico, 200 milhões na época de Cristo e 1 bilhão no início da era industrial, em 1800. Cada humano tende, em geral, a encontrar uma solução para o problema colocado por sua existência...

Será possível compreender, nos mesmos termos, as origens do progresso técnico no novo mundo industrial que se abre ao final do século XVIII? Não completamente. No contexto do crescimento moderno, um fenômeno autocatalítico está igualmente em ação. Mas é o tamanho dos mercados, e não o crescimento demográfico, que explica sua dinâmica. Adam Smith já notava, no exemplo da fábrica de alfinetes, que o crescimento da esfera do mercado permite a realização de economias de escala que tornam os trabalhadores mais produtivos. Os teóricos do crescimento endógeno, Paul Romer e Robert Lucas notadamente, recuperarão essa intuição.[9] A ideia principal é a dos *rendimentos crescentes de escala*. Quanto mais se desenvolvem os mercados, mais interessante se torna a inovação. O inventor pode, com efeito, recuperar o que apostou muito mais facilmente quando há um número expressivo de consumidores. Não é mais a população que comanda o crescimento, é a riqueza que se alimenta a si mesma.

Nos dois séculos que se seguiram à publicação de *A riqueza das nações*, os economistas se desviaram da ideia de rendimentos crescentes de escala. A razão dessa escolha está inscrita na obra do próprio Adam Smith. Ao mesmo tempo em que ele sublinha os efeitos benéficos da divisão do trabalho, quer igualmente demonstrar que a *concorrência* entre os produtores permite a consecução de um equilíbrio ao mesmo tempo justo e eficaz, o do mercado. É a tese da mão invisível.

Mas os economistas rapidamente se dão conta de que as duas proposições de Smith – sobre os benefícios dos rendimentos crescentes de escala, de um lado, e da competição, de outro – são contraditórias. Como mostra o exemplo da fábrica de alfinetes, o grande proprietário leva vantagem sobre o pequeno. Aproveitando as economias de escala que lhe permitem a divisão do trabalho no âmago de seu empreendimento, ele pode vender suas mercadorias mais barato e fazer desaparecerem as firmas menores. Assim que Marx teve essa mesma intuição, tal raciocínio o levou a prever uma concentração cada vez mais renhida da produção, a qual, cedo ou tarde, fatalmente entraria em contradição com a concorrência pura e perfeita. O princípio dos rendimentos crescentes de escala levado ao extremo também é contraditório em relação às leis da concorrência. Desemboca em uma teoria dos monopólios.

A dificuldade se resolve, no entanto, se conseguirmos imaginar o que parece ser uma contradição nos seguintes termos: "a concorrência monopolista". Esboçada antes da guerra, mas mascarada pelo êxito da teoria keynesiana, ela deve sua renovação às abordagens inspiradas pelo economista de origem austríaca, e posteriormente professor em Harvard, Joseph Schumpeter.[10] A chave de sua lógica pode ser assim resumida: os monopólios são efêmeros. Uma vez que uma empresa atinge o poder de monopólio sobre um produto, outras firmas tentarão desalojá-la, inventando produtos que tornarão obsoletos aqueles que estavam nas mãos do primeiro monopólio.

De acordo com essa visão schumpeteriana, hoje dominante entre os economistas, o capitalismo escapa às categorias de Adam Smith e de Karl

Marx. Contrariamente à visão do primeiro, o capitalismo não subscreve a solidariedade, de fato, do sapateiro e do padeiro, cada um oferecendo ao outro aquilo de que necessita. Coloca em andamento uma rivalidade surda entre os padeiros que utilizam técnicas modernas e os que demoram a fazê-lo. Mas, contrariamente à visão do segundo, o capitalismo também não subscreve a pauperização da classe operária. Porque o progresso técnico torna o operário mais produtivo e permite que ele seja, *in fine*, mais bem remunerado.

O progresso técnico não é, apesar disso, um cúmplice amigável do trabalhador. Este deixa de ser, sem dúvida, o escravo de um senhor como nos tempos antigos, mas tampouco se transforma em um senhor de bravos humanoides que trabalham gratuitamente para ele, como sugerido por Solow. O operário do mundo moderno é escravo de uma incerteza nova que pesa sobre seu destino. O progresso técnico é, ao mesmo tempo, criação e destruição, e a fronteira que faz passar de uma à outra é rapidamente ultrapassada. Tudo caminha bem enquanto o crescimento é vigoroso o suficiente para pensar as feridas que se abrem constantemente no corpo social. Se o crescimento arrefece ou se torna negativo sob o golpe de uma depressão maior, o equilíbrio pode voar em estilhaços.

PARTE II

Prosperidade e depressão

6. As consequências econômicas da guerra

As consequências econômicas da paz

Em um livro intitulado *As consequências econômicas da paz*, publicado em 1919, um jovem economista inglês chamado John Maynard Keynes conduz seus leitores pelas ruas de uma Paris mórbida, esmagada pelo peso de 4 milhões de mortos. A Europa está arrasada, quatro impérios caíram e o centro do mundo se desloca em direção aos Estados Unidos. Nesse ambiente de poeira e sangue, um velho senhor "sente-se inspirado pelo destino de um Péricles que tivesse sido aprendiz na escola de Bismarck. Tem uma ilusão, a França; e uma desilusão, a humanidade (que incluía os franceses e seus próprios colegas)". Figura emblemática do passado, Clemenceau – é ele o personagem em questão –, ao ratificar a derrota alemã, faz com que o Tratado de Versalhes se transforme não no fim das guerras do século XIX, mas no começo das guerras do século XX.

Clemenceau deseja quebrar, de uma vez por todas, o dinamismo alemão. Ele quer se assegurar de que a dianteira que a Alemanha construiu, com relação à França, não reapareceria jamais. Entre a criação do Reich, em 1871, e o começo da Primeira Guerra Mundial, a produção industrial alemã se multiplicara por cinco. Seu dinamismo econômico podia ser percebido em todas as frentes. O país estava nos calcanhares da Inglaterra na disputa pela primazia do comércio mundial. Sua posição era particularmente forte nas indústrias modernas, em plena expansão: a química, as máquinas, a indústria elétrica. A agricultura alemã também vivenciava uma conjuntura favorável. Era pioneira na modernização agrícola, valendo-se da utilização de fertilizantes, da mecanização e de uma prática sofisticada de rodízio de culturas.[1]

Os alemães observavam com ironia o colapso demográfico da França. Em 1870, as duas nações tinham suas riquezas em níveis mais ou menos comparáveis; em 1914, a Alemanha teve um impulso de 70%. A ambição alemã se nutriria dessa nova superioridade econômica. Heinrich Winkler, o grande historiador alemão, resumiu a situação desta maneira:

> A Alemanha preparava-se para ultrapassar economicamente a Inglaterra, a pátria da Revolução Industrial e do imperialismo. O Reich estava entre as potências científicas mais respeitadas no mundo inteiro; talvez fosse mesmo a primeira entre elas. Mas tudo isso não era suficiente para a direita alemã. Grande potência de longa data, a Alemanha deveria, no presente, tornar-se *a* potência mundial dirigente.[2]

Estas são a nação e a ambição que Clemenceau desejava quebrantar. Para isso, conseguiu que várias disposições fossem inscritas no Tratado de Versalhes. A Alemanha deveria entregar a quase totalidade de sua marinha mercante. Deveria confiar aos aliados a administração de seus rios, o Oder, o Reno e o Danúbio. Deveria abandonar seus direitos e seus créditos sobre as possessões de além-mar, reservando aos aliados o direito de expropriar todo novo crédito adquirido no exterior por residentes alemães, a título de reparação por danos de guerra... O Tratado de Versalhes estipulava, igualmente, que a nação vencida deveria ceder à França todos os direitos referentes à exportação das bacias mineiras do Sarre; estabelecia que a alta Silésia, após plebiscito, fosse entregue à Polônia; e determinava que a Alemanha deveria compensar a França de todos os lucros cessantes de suas bacias mineiras com valores relacionados à sua rentabilidade anterior à guerra. E que a Alemanha cedesse anualmente 25 milhões de toneladas de carvão aos aliados durante dez anos! Também deveria conceder a estes a cláusula de nação mais favorecida.

Para honrar essas disposições, a Alemanha deveria pagar o equivalente a 1 bilhão de libras esterlinas até 1º de maio de 1921 (os próprios aliados se autorizando a obter toda contrapartida que julgassem necessária). A esse primeiro bilhão, seriam somados quatro outros, que poderiam ser complementados, enfim, por qualquer soma que fosse julgada necessária para compensar as populações civis das perdas sofridas durante a guerra.

O Tratado de Versalhes não definiu, assim, nem uma soma global nem um prazo para as reparações. A título de comparação, Keynes estimou que a indenização paga pela França a Bismarck teria correspondido a 500 milhões de libras!

O caráter desmedido desse tratado se revelou, na prática, totalmente inaplicável. Apesar da invasão do Ruhr, em 1923, pela França e pela Bélgica para obter o que lhes era devido, o montante entregue pela Alemanha foi insignificante. Mas o sangramento dos alemães diante desse tratado assustador foi profundo, já que eles nutriam, de fato, mesmo depois do armistício de 11 de novembro de 1918, a esperança de uma "paz de direito". Acreditando que não existia nenhum antagonismo fundamental entre a Alemanha e os Estados Unidos, eles colocaram todas as suas esperanças na mediação do presidente Wilson para obter uma paz moderada. O recuo deste diante das exigências francesas fez com que os alemães tivessem, durante muito tempo, a sensação de que haviam sido "apunhalados pelas costas", o que alimentará o ressentimento do qual se nutrirá o nazismo, após a crise de 1929.

A República está morrendo

A República de Weimar nasceu em novembro de 1918. Weimar, onde se encontrava a Assembleia Constituinte, era a cidade de Goethe e de Schiller. Foi escolhida em parte por essa razão, mas também por causa da insegurança que reinava em Berlim. Ao acompanhar seu destino trágico, não se pode deixar de pensar nos numerosos paralelos entre sua história e a dos países devastados pela guerra que penaram para encontrar o caminho da democracia quando chegou a paz.

Os fundadores do regime desejaram criar um sistema o mais democrático possível, permitindo uma aplicação mais ampla do sufrágio universal, com a eleição do Reichstag e do presidente da República, e com a instituição de um *referendum* de iniciativa popular que permitia, a qualquer momento, rediscutir o poder dos governantes. Os constituintes, além disso, adotaram um modelo de escrutínio, a proporcionalidade integral, que sacrificava a eficácia política em prol das exigências democráticas.

Passado o tempo, é fácil explicar o fracasso da República de Weimar pelas condições de seu nascimento. Marcado pela constante sanção das derrotas, o regime sofrerá para estabelecer sua legitimidade. À direita, os meios nacionalistas o denunciarão como não alemão, nascido da derrota. À esquerda, os confrontos sangrentos de 1919-20, no decorrer dos quais os dirigentes revolucionários Karl Liebknecht e Rosa Luxemburgo foram assassinados, deixarão traços indeléveis.

Christian Baechler, no entanto, é enfático:

> Embora as condições de nascimento e de desenvolvimento da democracia de Weimar fossem difíceis, a democracia não estava condenada desde o início. Mesmo em janeiro de 1933, a ascensão de Hitler ao poder não era inevitável e alternativas se ofereciam à Alemanha.[3]

Uma sociedade dividida

O pós-guerra reabriu as feridas que os anos de forte crescimento tinham provocado antes da guerra. Entre 1870 e 1913, a urbanização da Alemanha foi maciça e brutal.[4]

> A cidade grande, com sua agitação e seu individualismo, suscita a nostalgia de um retorno à natureza e à vida sadia e simples do campo, e mesmo uma preocupação em relação a uma queda na moralização. A diversificação da sociedade e a cidade grande oferecem possibilidades de ascensão, mas aumentam também os riscos do declínio social e o sentimento de insegurança. Muitos se voltaram para o Estado como protetor e prestamista.[5]

A sociedade alemã, apesar de uma mobilidade geográfica e social nova, seguia fragmentada, rígida, mais marcada pelas diferenças de status que as outras sociedades ocidentais. Ao lado das distinções de classes (burguesia, operários, assalariados, artesãos) persistiam os critérios pré-modernos da ordem feudal. A nobreza mantinha sua posição privilegiada, como nos outros países da Europa ocidental às vésperas da guerra. Mas, na Alemanha, ela desempenhava um papel político e social muito mais importante. Os grandes proprietários de terras do leste do Elba, os Junkers, gozavam de privilégios estritamente feudais em seus domínios, com direito de polícia e direito de patronato à Igreja e à escola. A nobreza seguia estreitamente ligada à monarquia militar e à burocracia, mantendo, assim, uma posição estratégica no sistema de poder. Todos os chanceleres alemães, até a guerra, tinham sido nobres, bem como a maioria dos secretários de Estado do Império e os ministros da Prússia e da Saxônia.[6]

O Estado burocrático e militar prussiano impregnava profundamente a sociedade. Na Alemanha, o Estado é "um fim em si mesmo e a encarnação da razão", seja pela filosofia de Hegel, seja pela sociologia de Max Weber. A burocracia supostamente representava "o bem comum diante do caos dos interesses contraditórios do mercado", tudo o que não constitui elemento favorável à instauração de um regime parlamentar.

Uma fratura confessional também cortava a sociedade. Um terço da população era católica, servindo de base política ao partido do centro, o Zentrum. As igrejas protestantes estavam muito ligadas ao Estado, mas, na véspera da guerra, o protestantismo alemão era mais uma moral, esculpida em rigor, do que um culto. O enfraquecimento dos vínculos religiosos incitou a busca de uma teologia de substituição, uma fé política.

Apesar de seu número inexpressivo (0,6% da população), a participação dos judeus na Revolução e sua emancipação política os associaram à derrota. Hitler seria profundamente marcado pela tese da responsabilidade deles. Os judeus foram (contraditoriamente) acusados de favorecer tanto o capitalismo como a Revolução, de querer "dominar o planeta pelas duas formas de materialismo que são o capitalismo e o bolchevismo".

Apesar dos êxitos do pré-guerra, a Alemanha ilustrou uma versão patológica do modelo europeu de Estado-Nação. O mito do Império romano (germânico) viveu aí por muito mais tempo do que em qualquer outro país. O cisma religioso deixou traços profundos. A dualidade entre as duas grandes potências, Alemanha e Áustria, não tinha sido resolvida e o desmoronamento do Império austro-húngaro após a guerra reavivou a questão da unidade nacional. Enfim, a adoção de um regime parlamentar verdadeiro não foi implementada antes dos anos posteriores à derrota de 1918, o que logo o tornou frágil.

Vida e morte da República de Weimar

A despeito das dificuldades do armistício, a recuperação econômica aconteceu. O crescimento foi retomado.[7] A Alemanha concluiu sua reconstrução industrial em 1922, quando a taxa de desemprego caiu para 1,5%. Tudo balançou, no entanto, uma primeira vez, quando, em 11 de janeiro de 1923, as tropas franco-belgas decidiram ocupar o Ruhr para forçar os alemães a pagar suas dívidas de guerra. O governo concitou à resistência pacífica, financiando os funcionários a crédito. A prática das emissões indiscriminadas de moeda para financiar os déficits públicos desencadeou a hiperinflação. O índice de preços foi multiplicado por 1 bilhão em seis meses! Os rentistas se arruinariam. Os assalariados do setor privado foram afetados pelo aumento do desemprego e pela defasagem entre os salários e a inflação. Se os artesãos, comerciantes e empresários se saíram relativamente bem, os funcionários públicos foram as primeiras vítimas do ajuste orçamentário. Os altos funcionários e a burguesia intelectual também foram afetados pelo nivelamento dos salários nas altas funções públicas.

Em novembro de 1923, após o recuo francês, criaram-se novamente condições para a esperança de uma estabilização. Introduzida paralelamente ao marco, uma nova moeda, o *rentenmark*, foi criada em 16 de novembro de 1923. Garantida por obrigações do Tesouro em ouro, elas mesmas atreladas a uma hipoteca sobre o capital industrial e agrícola da Alemanha, ela inspirava confiança. A estabilidade dos preços seria rapidamente recuperada. Em abril de 1924, um novo acordo relacionado às indenizações de guerra foi elaborado, o plano Dawes. Ele ofereceu à Alemanha estabilidade e um caráter previsível aos desembolsos. Durante os dois primeiros anos, o orçamento não foi pressionado, o que permitiu ao país a moratória desejada há muito tempo.

O período 1924-29 marca a idade de ouro da República. A estabilização monetária restaurou a confiança dos investidores e permitiu um afluxo de capitais estrangeiros, sobretudo anglo-saxões, para financiar a retomada econômica.[8] Em 1928, os salários eram superiores em 20% ao nível de 1913. A sociedade respirava. Grandes artistas produziam obras inesquecíveis: Brecht, Bauhaus... A República estava salva.

Mas a crise de 1929 vai recolocar tudo em questão. A Alemanha foi o país industrial mais precocemente afetado pela crise econômica e o mais duramente golpeado, junto com os Estados Unidos. A taxa de desemprego atingirá, como na América, 25% da população.[9]

A partir de 1930, assistiu-se ao crescimento de partidos extremistas, o KPD (o partido comunista) e o NSDAP (Nationalsozialistische Deutsche Arbeiter Partei, o partido nacional-socialista). O partido social-democrata, o SPD, que teria sido o principal partido político durante a República de Weimar, foi ultrapassado eleitoralmente pelo Partido Nazista em 1932. O SPD foi o fundador do regime de Weimar, aquele que usou todo o seu peso para evitar uma deriva revolucionária no estilo bolchevique ao final da guerra, catalisando sobre si o ódio mortal da extrema esquerda por ter liquidado os Espartaquistas – movimento de Karl Liebknecht e Rosa Luxemburgo – e da extrema direita, por ter assinado o armistício. A extrema direita, por si própria, não tinha peso eleitoral antes do crescimento do Partido Nazista. Este passou de 2,6% dos votos, em maio de 1928, a 18,3% em setembro de 1930, até chegar aos 37,3% em julho de 1932. O partido comunista passou, por sua vez, de 10,6% de votos em 1928 para 13,2% em 1930 e 16,9% em novembro de 1932.

Foram as classes médias protestantes, decepcionadas com o liberalismo e o conservadorismo, que votaram no Partido Nazista, especialmente os funcionários públicos e os rentistas-pensionistas.[10] A universidade se tornou uma trincheira para a reação antiliberal, reflexo da degradação do status das elites tradicionais. Os operários dos grandes empreendimentos resistiram à influência do nazismo e, ao contrário do que se afirma com frequência, os desempregados contribuíram pouco para o seu crescimento. Há até mesmo uma correlação negativa entre desemprego e voto nazista – ao contrário do que se observa com relação ao partido comunista. Em contrapartida, a correlação entre endividamento de classes médias antigas e de camponeses e voto nazista é muito clara.

A dilapidação da sociedade alemã sob o golpe de 1929 conduzirá Hitler à chancelaria em janeiro de 1933. Nada, contudo, era inexorável. Hitler foi chamado ao poder quando a conjuntura já melhorava lentamente e quando o crescimento do Partido Nazista já se atenuava. Como resumiu Heinrich Winkler, "teria sido suficiente que o círculo dirigente em torno de Hindenburg tivesse tido vontade de impedir que o Estado fosse entregue a Hitler". É de arrepiar esta conclusão simples: a subida de Hitler ao poder não tinha nada de inelutável.

7. A Grande Crise e suas lições

1929

A crise de 1929 foi o ponto mais negro jamais atingido, até os dias de hoje, pelo capitalismo mundial. Saindo de Wall Street, a crise ganhou a Europa e depois o planeta. Ainda agora, o fantasma de 1929 continua a assombrar os dirigentes do mundo inteiro. Desde a crise dos *subprimes* em 2007, o presidente do Banco Central norte-americano, Ben Bernanke, tem explicitamente procurado evitar que se repita essa tragédia. E, de fato, analisando a sequência de eventos que se encadearam ao longo desse período, não podemos deixar de nos surpreender com as semelhanças que se multiplicam entre essas duas crises excepcionais.

Os roaring twenties

A crise de 1929 veio interromper, nos Estados Unidos, uma década de crescimento esplendoroso, aquela chamada de *roaring twenties*, os ruidosos anos 20. Os elementos da sociedade de consumo moderna, o *american way of life*, se difundiram largamente: o automóvel, a eletricidade, o cinema... O petróleo, a borracha, o rádio e o *boom* na construção inflamaram o crescimento. A produção de automóveis triplicou, passando de 1,9 milhão de veículos, em 1919, para 5,9 milhões, em 1929.

No dia 4 de dezembro de 1928 o presidente Coolidge dirigiu sua última mensagem ao Congresso. Ele concluiu seu discurso com uma tirada triunfante: "Nunca o Congresso dos Estados Unidos se reuniu tendo diante de si uma perspectiva mais agradável do que a que se apresenta hoje." A bolsa se agitou, alternando altas (como em 1924) e recuos (como em 1926). Mas foi a partir de 1927 que a especulação se desencadeou. Na primavera, os diretores dos bancos (centrais) da Inglaterra, da França e da Alemanha viajaram aos Estados Unidos com a missão de solicitar às autoridades monetárias norte-americanas algum gesto de auxílio à economia europeia. Eles conseguiram o que queriam. O Banco Central norte-americano, o Federal Reserve Board, também conhecido como FED, baixou sua taxa de desconto de 4% para 3,5%. De acordo com Lionel Robbins, então professor da London School of Economics, foi "a partir dessa data, de acordo com todas as evidências, que a situação se desregulou". Entre 1926 e 1929, o preço das ações duplicou. A euforia conquistou os pequenos poupadores. John Kenneth Galbraith conta uma anedota que testemunha o espírito da época: "Os motoristas dirigem com a cabeça inclinada para trás para ver se conseguem descobrir um movimento iminente da Bethelem Steel..."[1]

Progressivamente, a partir de 1928, o FED aumentaria outra vez suas taxas para interromper o que Alan Greenspan chamaria, muito mais tarde, de "a exuberância irracional" dos mercados financeiros. Em janeiro de 1929, a taxa de redesconto já alcançava a ordem dos 5%. No dia 14 de fevereiro de 1929, o FED de Nova York propôs aumentar essa taxa de 5% para 6% a fim de frear a especulação. Uma longa controvérsia se seguiu. As taxas não foram aumentadas antes do fim do verão, quando finalmente foram elevadas a 6%. Mas essa alta aconteceu tarde demais. Hoje está claro que, no começo do outono de 1929, a economia norte-americana já havia entrado em crise.[2]

A crise

Quinta-feira, 24 de outubro, é o dia que a história identifica como o primeiro do pânico de 1929. Nesse dia, a "quinta-feira negra", 13 milhões de títulos foram vendidos, contra os 4 milhões, em média, de um dia comum. Às onze e meia da manhã, o mercado estava em pânico. Onze especuladores já haviam se suicidado. No exterior, "um rugido misterioso se fez escutar, uma multidão se aglomerou". Ao meio-dia, os maiores banqueiros de Nova York se reuniram: Charles E. Mitchell, presidente do National City Bank; Albert Wiggin, presidente do Chase National Bank; William Potter, presidente da Guaranty Trust Company; e Thomas Lamot, principal associado do banco

Morgan. Esses grandes senhores das finanças se empenharam em inverter a tendência, recomprando os títulos. Uma vez que a notícia se difundiu, os preços se recuperaram imediatamente. O *Times* saudou o episódio nos seguintes termos: "A comunidade financeira está agora segura, sabendo que os bancos mais poderosos do país estão prontos para impedir o pânico."

Mas na terça-feira seguinte, a "terça-feira negra", 29 de outubro, o pânico voltou de maneira irreprimível: 16 milhões de títulos foram negociados. Os preços desabaram. Foi o início de uma espiral que levaria ao abismo. O FED baixou, na quinta-feira 31 de outubro, a taxa de redesconto de 6% para 5%. Em vão. A queda continuou. Uma primeira estabilização foi atingida no dia 13 de novembro de 1929. As ações já tinham perdido a metade de seu valor. Nos três anos que se seguirão, Wall Street perderia 85% do nível atingido em setembro de 1929.

Os Estados Unidos vão então experimentar uma recessão diferente de todos os modelos anteriores. A produção industrial se reduziu à metade entre 1929 e 1932. O desemprego atingiu um quarto da população ativa.

A retomada da economia norte-americana encadearia uma série de fatores que permaneceriam por muito tempo gravados na memória. A crise da compra dos bens duráveis (automóveis, móveis, máquinas de lavar...) foi o primeiro indicador da perda de dinamismo do crescimento. Os bens de consumo duráveis são particularmente sensíveis aos ciclos econômicos. Temos que nos alimentar todos os dias, mas podemos postergar a compra de um automóvel ou de uma máquina de lavar. Um fator agravante iria aparecer. Nos anos anteriores, o crédito ao consumo tinha sido criado, modificando os hábitos de compra norte-americanos: 85% dos móveis, 80% dos fonógrafos, 75% das máquinas de lavar eram agora financiados a crédito. Na época, um bem comprado a crédito era apreendido em caso de inadimplência, sem considerar os pagamentos já efetuados, o que tornava os consumidores ainda mais prudentes em caso de crise. Em 1930, o consumo de bens duráveis sofreu uma baixa brutal de 20%. A queda foi de 50% entre 1929 e 1933. As compras de automóveis diminuíram dois terços entre 1929 e 1932.

A crise imobiliária foi outro fator que perturbou o equilíbrio macroeconômico. A expansão da construção tinha sido um dos alimentos do crescimento. As construções tinham mais do que duplicado em 1926, com relação aos números de antes da guerra. O colapso foi ainda mais espetacular. Como no caso do mercado de bens duráveis, o ciclo do crédito foi um dos fatores agravantes.

Os camponeses foram as outras vítimas colaterais da crise. Ao contrário de outros setores, a situação deles não era esplendorosa. Após o término da guerra, a superprodução reinava, pois o volume de terras cultivadas nos Estados Unidos havia aumentado para compensar a queda na produção dos países beligerantes. Com o retorno da paz, o excesso de oferta deprimira os preços de maneira consistente. Com a crise, o rendimento líquido dos produtores despencou, caindo 70% entre 1929 e 1933. Essa tragédia foi imortalizada no romance de Steinbeck *As vinhas da ira*.

A crise de 1929 foi, nesse sentido, a primeira crise "total" do mundo industrial. O papel de amortecedor desempenhado anteriormente pela agricultura desapareceu. Pela primeira vez, o retorno ao campo deixou de ser uma opção para os operários em desespero. Seria necessário esperar os anos posteriores à Segunda Guerra Mundial para que o Estado-Providência assumisse esse papel protetor.

A crise financeira

O economista Peter Temin apontou a queda de consumo dos bens duráveis em 1930 como o principal fator da queda livre da economia. Temin situa-se no campo keynesiano das interpretações da crise, apoiando-se nas intuições contidas na *Teoria geral* de Keynes. Esse livro, publicado em 1936, exercerá uma influência profunda sobre os economistas e sobre a condução da política econômica no pós-guerra. Para Keynes, a contração inicial das atividades tende a se propagar para o conjunto da economia por uma espiral autopropulsionada. A queda das compras de automóveis provoca a demissão dos operários que os fabricam, e estes, ao reduzirem suas despesas, propagam a depressão para outros setores. Um "multiplicador de crise" se põe em andamento e apenas as autoridades podem travá-lo.

Outro fator será colocado em evidência: as falências bancárias. Na monumental *A Monetary History of the United States: 1867-1960*, escrito com Anna Schwartz, Milton Friedman questionará a interpretação keynesiana da crise para privilegiar o papel dos fatores financeiros. No esquema privilegiado de Friedman, o encadeamento é o seguinte. O colapso da atividade ameaça os balanços bancários, o que passa a preocupar os clientes. Estes, desconfiados – com ou sem motivo – dos bancos mais vulneráveis, retiram seus depósitos e os levam diretamente à falência. Em três anos, de 1930 a 1933, a metade dos bancos norte-americanos desapareceu, por terem sido liquidados ou incorporados. Havia 29 mil bancos antes da crise; não restarão mais do que 12 mil depois. Entre 1929 e 1933, a massa monetária norte-americana se contrairá em um terço. Dessa maneira, as crises bancárias privam de crédito os devedores mais vulneráveis, que, carentes de fontes de refinanciamento, vão à falência. São diretamente afetados os camponeses, as pequenas e médias empresas e os lares endividados. Em seus próprios trabalhos de pesquisa, Ben Bernanke, presidente do Banco Central desde 2007, demonstrou que as falências bancárias permitiam antecipar, quase mês a mês, o mergulho dos Estados Unidos na crise dos anos 1930.[3]

O drama é que as autoridades monetárias praticamente não reagiram. Constatando que as taxas de juros estavam muito baixas (entre 1% e 2%), elas não injetaram mais liquidez para salvar os bancos. De acordo com a interpretação de Milton Friedman, aí reside a principal causa do desastre. As autoridades monetárias da época não estiveram à altura do problema. Assistiram ao desmoronamento do sistema bancário sem reagir. Seria necessário esperar até fevereiro de 1932 para que o presidente Hoover – célebre por ter previsto, em 1930, que a retomada estava "na esquina" – criasse a Corporação para Reconstrução das Finanças, dotada de capital público, para auxiliar os estabelecimentos financeiros em dificuldade.

A verdade se encontra, sem dúvida, entre estas duas concepções: keynesiana e monetarista. A crise da década de 1930 se explica, inicialmente, pelos fatores sublinhados por Temin: o desmoronamento da confiança provocado pela queda de Wall Street, passando pelo baixo moral das unidades familiares, que comprimem sua demanda e provocam um círculo vicioso de perdas. Mas a propagação e a amplitude da depressão de 1930 a

1933 repousam principalmente sobre os fatores monetários e financeiros sublinhados por Friedman: a crise de demanda se transforma em uma crise bancária muito mais profunda que poderia ter sido detida pelo Banco Central, caso ele tivesse compreendido seu alcance.

Uma crise internacional

A crise de 1929 jamais teria tomado as proporções que a caracterizaram se o comércio internacional também não tivesse despencado. Como agora, na crise dos *subprimes*, é espantoso constatar a velocidade com a qual uma crise que parte dos Estados Unidos atinge o conjunto dos países. O comércio internacional conheceu uma formidável retração. As importações mundiais foram reduzidas de 3 bilhões de dólares, em abril de 1929, para 1 bilhão de dólares, em fevereiro de 1933. Os equívocos internos das autoridades norte-americanas relacionados aos bancos vão aqui se duplicar, com erros igualmente trágicos em matéria de política comercial. A partir de 1930, os Estados Unidos votam medidas de proteção tarifária, a tarifa Hawley-Smoot. Estas preveem um aumento de 40% nos impostos sobre o trigo, o algodão, a carne e os produtos industriais. A crise norte-americana se propaga, então, às trocas internacionais assim que os países afetados pelas medidas norte-americanas começam a tomar medidas de retaliação.

A crise econômica gerou também uma crise de matérias-primas que assombrou os países exportadores. Na América Latina, o preço das matérias-primas desabou entre 1929 e 1933, chegando a um terço de seu nível inicial. Para se livrar do peso de suas dívidas, a maior parte dos países da América Latina decretou falência. Apenas a Argentina resistiu à tentação de suspender o pagamento das dívidas – o que parece um absurdo visto em retrospectiva –, mas ao preço de uma depressão muito mais grave do que em outros países.

O fator essencial, contudo, foi a crise do sistema monetário internacional. O terremoto financeiro norte-americano rapidamente se propagou para a Europa graças, sobretudo, aos desequilíbrios herdados da Primeira Guerra Mundial. Os planos de reescalonamento da dívida alemã se sucederam (em 1924, com o plano Dawes; em 1929, com o plano Young).

Seria preciso esperar até a Conferência de Lausanne, em 1932, para que os aliados compreendessem a inutilidade de desejar "fazer a Alemanha pagar". Pouco após a demissão do chanceler Brüning, a Alemanha enfim arrancava concessões financeiras que deveriam ter sido acordadas muito antes. Já vimos que essas concessões foram obtidas tarde demais. A Alemanha, vivendo sob perfusão de créditos internacionais, foi imediatamente arrastada pela crise. A ausência de fundos disponíveis explica em grande parte (outra explicação é a ortodoxia financeira da época) por que a política orçamentária não desempenhou nenhum papel na resolução da crise, o que valeu a Brüning o apelido de "chanceler da fome".

À imagem dos clientes no seio mesmo do sistema bancário norte-americano, os capitais internacionais fugiram dos países que lhes pareciam mais vulneráveis. As moedas dançavam loucamente, umas com as outras. Em maio de 1931, quando o Kredit Anstalt, um grande banco austríaco, abriu processo de falência, provocou uma onda que atingiria os bancos húngaros, tchecos, romenos, poloneses e alemães. Seria então a vez de a Grã-Bretanha estar no centro da tormenta. Os encaixes do Banco da Inglaterra, de repente, pareceram insuficientes. No dia 21 de setembro de 1931, a libra flutuou. O dólar ficou ameaçado, incitando a prudência das autoridades norte-americanas, o que explica em parte a falta de reatividade que Milton Friedman denunciara. Depois será a vez do franco. Com o *Front Populaire* [Frente Popular], os capitais que haviam escolhido a França como pátria adotiva abandonaram o país.

Durante esse longo período, as autoridades monetárias procuraram tranquilizar clientes e especuladores mantendo o maior tempo possível a convertibilidade de suas moedas em ouro. No entanto, a demonstração dos efeitos nocivos desse sistema apareceu claramente quando o desempenho dos países foi examinado. Assim que um país abandonava o sistema do padrão ouro (o *Gold Standard*), o crescimento era retomado e os capitais afluíam! Esse seria o caso da Inglaterra a partir de 1931, dos Estados Unidos, a partir de 1933, e da França, a partir de 1936. O paradoxo dessa época é que o traumatismo, ainda chamejante, da inflação do pós-guerra deixou as autoridades monetárias extremamente sensíveis à ideia de abandonar a ortodoxia monetária, mesmo que isso significasse que suas economias vivenciariam uma deflação severa.

A Teoria Geral de Keynes

Nenhum governo compreendeu a verdadeira natureza da crise de 1929. A maioria continuava convencida de que primeiro seria necessário restabelecer a confiança, pela manutenção do equilíbrio das finanças públicas e a convertibilidade de suas moedas. Ao fazer assim, todos agravaram a depressão. Como os médicos de Molière que recomendavam sangrias, eles enfraquecerão e, por vezes, até matarão o paciente que deveriam curar. Seria necessário esperar a publicação de um livro de Keynes, *A teoria geral*, para que os economistas dispusessem, enfim, de um quadro teórico que lhes permitisse refletir sobre este objeto novo: o equilíbrio macroeconômico.[4]

Keynes parte para o ataque contra aquilo que se chama "a lei de Say", uma "lei" batizada com o nome do economista francês (do início do século XIX) que resumiu sua doutrina em uma fórmula célebre: "a oferta cria sempre sua própria demanda." Para Say, vende-se uma mercadoria porque se está prevendo que se vai comprar outra. Se vendo o meu trabalho, as minhas galinhas ou o meu automóvel, é em resposta a uma necessidade de alimentar uma nova demanda. Observa-se então um sistema de vasos comunicantes entre a oferta e a demanda. Qualquer desequilíbrio durável não pode subsistir entre esses dois termos.

Para entender o alcance da crítica dirigida à lei de Say, consideremos a diferença entre um Robinson Crusoé, sozinho em sua ilha, e uma empresa operando em uma economia de mercado. Imaginemos que Robinson Crusoé ache insuficiente o número de varas de pescar que está utilizando. Ele é confrontado com um dilema simples: continuar a pescar com o equipamento existente ou "investir" em fabricar novas varas. Nesse último caso, ele sabe que terá menos tempo para pescar: ele deve, portanto, reduzir seu consumo, um ato que também pode ser chamado de poupança. Para Robinson Crusoé, o ato de investir e o de poupar são indissociáveis. Ele sabe que se reduz hoje o seu consumo é para que possa aumentá-lo amanhã.

Essa concomitância se perde de vista em uma economia de mercado. Quando indivíduos reduzem o consumo e aumentam a poupança desejam, como Robinson, consumir mais tarde os frutos desse ato. O emprego racional dessa poupança seria então investir para responder, amanhã, a essa diferença de consumo. Mas o pescador que observa hoje uma redução da demanda de peixes pode, legitimamente, se perguntar se essa demanda aumentará amanhã. Ele deverá "aproveitar" essa diminuição nas vendas para comprar novas varas de pescar?

Suponhamos que ele não pense isso e se preocupe, ao contrário, com a baixa de demanda que constata. Preocupado, ele reduzirá sem dúvida seus investimentos a níveis até mesmo inferiores aos inicialmente previstos. Um desequilíbrio se formou: o consumo se reduziu e o investimento também. Em teoria, no nível macroeconômico esse desequilíbrio deverá fazer baixar as taxas de juros, graças à poupança abundante, e incitar as empresas a investir. Keynes opõe a essa sequência teórica uma outra, mais mecânica. Quando o consumo e o investimento baixam, as empresas demitem. Empobrecidas pelas demissões, as unidades familiares consomem menos ainda. Esse clima moroso não estimula as empresas a investir mais. O desequilíbrio inicial se *multiplica*, talvez consideravelmente. Um novo equilíbrio emerge: um *equilíbrio de subemprego*.

A crítica que Keynes faz à lei de Say é, na verdade, fácil de ser formulada. Para que os rendimentos sejam gastos é necessário, primeiramente, que existam. Ora, um desempregado que não recebe salário não pode gastá-lo. Implicitamente, a lei de Say supõe que o desempregado continua a consumir. Em termos modernos, se diria que o desempregado continua a fazê-lo como se antecipasse o fato de que seu desemprego será transitório. Quando o desempregado ajusta suas despesas a seus rendimentos efetivos, um círculo vicioso aparece: menos rendimentos levam a menos despesas, o que leva a menos oportunidades para as empresas, o que leva a menos empregos etc. Essa é a teoria do *multiplicador* de Keynes.

A herança de Keynes

"A moral, a política, a literatura e as religiões se uniram em uma grande conspiração: a formação da poupança. Um homem rico irá, finalmente, direto para o reino celeste desde que tenha poupança."[5] Essas palavras, escritas nos anos 1920, permitem apreender o olhar que Keynes lançava sobre os desequilíbrios de seu tempo. A seus olhos, todos os problemas decorriam do fato de que a humanidade, habituada à frugalidade, não sabia consumir as riquezas que o capitalismo lhe oferecia:

> O princípio da poupança, levado ao extremo, destruiria toda a motivação da produção. Se cada um se contentasse com o alimento mais simples, com as roupas mais pobres e com a casa mais modesta, certamente não haveria outro tipo de alimento, de roupas ou de habitação.[6]

Para sair do subemprego, o remédio é então simples: é necessário gastar, gastar a qualquer custo, mesmo que para isso seja necessário contratar desempregados para tapar, à tarde, os buracos que eles próprios abriram pela manhã. Melhor ainda, para evitar o multiplicador da crise é necessário dissociar, tanto quanto possível, os salários dos empregos. Ao separar emprego e rendimentos evita-se que o desemprego obrigue os desempregados a reduzir suas despesas: assim, reduz-se o multiplicador e estabiliza-se a economia.

Essa foi a lição que Keynes tirou da Grande Depressão. Porém, ele não estava seguro de que esse fenômeno, a teoria do multiplicador, era verdadeiramente o fator que explicaria a crise dos anos 1930. Os fatores financeiros também desempenharam um papel crucial. Mas a ideia segundo a qual o capitalismo, deixado por sua própria conta, é profundamente instável e, consequentemente, pode ser regulado por uma política econômica hábil, entusiasmará os governos. Quando, no pós-guerra, foi necessário estabilizar a economia, serão os remédios keynesianos que servirão de breviário aos homens políticos. Não à toa o sucesso dessas ideias se deveu ao fato de que a solução proposta consistia em consumir mais do que poupar. Tais ideias fixarão as bases sobre as quais será construído o que se chamará de Estado-Providência.

8. A Idade de Ouro e sua crise

Os 30 Anos Gloriosos

Em 1946, em uma vila chamada Duelle, em Quercy, era necessário trabalhar 24 minutos para comprar um quilo de pão, 45 minutos para comprar um quilo de açúcar, sete horas para comprar um quilo de manteiga e oito horas para comprar um quilo de frango. A alimentação englobava três quartos do consumo total: era composta por metade pão e metade batata. Uma vez por semana, em média, se comprava e se consumia carne de vaca. A manteiga era quase desconhecida. O resto do consumo pessoal era, mais da metade, com vestuário. Fora do serviço militar, a grande maioria dos habitantes viajou apenas durante as núpcias ou para alguma peregrinação.

Trinta anos mais tarde, nessa mesma vila, a produtividade do trabalho agrícola era 12 vezes mais elevada. O quilo de manteiga não correspondia a mais do que uma hora e 25 minutos de trabalho. Para uma população de 534 habitantes, Duelle contava, em 1946, com 208 agricultores, 12 trabalhadores não agrícolas, 27 artesãos e 32 empregados do terciário. Em 1975, sobre 670 habitantes, a mesma vila não possuía mais do que 53 agricultores, os trabalhadores não agrícolas somavam 35, havia 25 artesãos e 102 pessoas trabalhavam com serviços. Dois bebês de menos de um ano morriam, em média, todos os anos, na década de 1940. Na década de 1970, um único bebê morria a cada dois anos. Os adolescentes de 20 anos mediam 1,65m em 1946; e 1,72m em 1975. Três casas novas eram construídas a cada 20 anos; em 1975, foram 50. Havia cinco automóveis em 1946 e quase 300 em 1975! E ainda mais: passou-se de dois aparelhos de televisão para quase 200; de nenhuma máquina de lavar roupas a quase 200, de cinco geladeiras para 210...

Esse conhecido exemplo abre a obra célebre, desde então clássica, de Jean Fourastié, *Les 30 Glorieuses*.[1] Para além dessa vila, foi toda a fisionomia da França que se transformou nesses 30 anos que separam o fim da guerra de meados dos anos 1970. Como Duelle, a França conheceu, em um espaço de tempo contraído ao extremo, todas as etapas do crescimento econômico moderno: a passagem da agricultura à indústria e da indústria aos serviços.

A Grande Esperança do século XX

Duelle é emblemática da passagem de uma sociedade em que o essencial dos recursos se consagra à própria alimentação para um mundo onde se viaja de férias, se assiste à televisão... Por meio desse exemplo, Fourastié desvelou o que pode ser considerado sua descoberta maior, que ele dividiu, no mundo anglo-saxão, com Colin Clark. O mundo moderno não pode ser resumido à passagem de uma sociedade rural para uma sociedade industrial. Tende, na verdade, para um terceiro termo: uma sociedade de serviços. Desde sua primeira obra, a célebre *Grand Espoir du XXe siècle*, publicada em 1948, ele determina o que lhe parece o verdadeiro sentido do progresso: "Tudo se passa como se o trabalho humano estivesse passando por uma transição do esforço físico para o esforço cerebral."

O terciário não representava mais do que 15% dos empregados em 1820. Compreende mais ou menos três quartos hoje. Como entender essa evolução? Alfred Sauvy a caracterizava pelo que chamava de "transbordamento" do emprego. É mais fácil robotizar o trabalho de um operário de usina do que o de um médico ou de um cabeleireiro. É, portanto, inelutável, de acordo com Sauvy, que o trabalho saia da indústria e "transborde" para as atividades humanas menos propícias à mecanização.

O exemplo do cabeleireiro "que percorreu o mundo", como dirá orgulhosamente Fourastié no prefácio de seu livro, ilustra o funcionamento dessa teoria. O cabeleireiro executa mais ou menos o mesmo trabalho que os barbeiros do Antigo Regime. Trata-se de um ofício em que os ganhos de produtividade são muito mais baixos do que os registrados pela indústria têxtil, por exemplo. Através dos séculos, no entanto, o salário dos cabeleireiros sempre foi mais ou menos igual aos salários do artesão ou do servente. Apesar de o cabeleireiro não ter nada a ver com isso, ele lucra tanto com o progresso técnico quanto o operário de usina. Na medida em que os consumidores desejem ter seus cabelos cortados, ele pode aproveitar o aumento generalizado da riqueza para aumentar suas tarifas sem temer que uma máquina tome seu lugar. Tudo o que ele pode temer é a concorrência de outros trabalhadores. Mas, enquanto indexar suas tarifas ao salário médio, ele pode frustrar essa rivalidade. Esse é o fundamento da grande esperança de Jean Fourastié. Em algum momento, explica ele, apenas os empregos em que o homem é indispensável serão necessários. O que é uma excelente notícia.

William Baumol,[2] em um livro em que anunciava o declínio do espetáculo ao vivo, fazia o mesmo raciocínio, mas *a contrario*. Os espetáculos ao vivo (o teatro, as salas de concerto...) aproveitaram tão pouco o progresso técnico quanto os salões de cabeleireiro. É necessário, tanto hoje quanto antigamente, dizia Baumol, o mesmo lapso de tempo para que Ricardo II conte "a triste história da morte dos reis". À diferença do cabeleireiro, no entanto, o ator de um espetáculo ao vivo está em concorrência direta com os procedimentos que se beneficiam, eles próprios, das novas tecnologias, tais como o cinema, a televisão, os DVDs... Tendo acesso a alternativas menos caras, o consumidor abandona as salas. A lição é simples: para sobreviver, é necessário ser ou um usuário do progresso técnico ou um trabalhador de um setor em que a mecanização é impossível. A situação intermediária, a do espetáculo ao vivo, é a pior. A terceirização favorece os extremos: os empregos intensivos em tecnologia e aqueles que não necessitam de tecnologia nenhuma.

Trinta anos depois

Muita água passou por debaixo das pontes desde a publicação da obra de Jean Fourastié. De um ponto de vista estritamente contábil, não há nenhuma dúvida de que o emprego passou da esfera da indústria para a de serviços, da mesma maneira que, um século antes, havia migrado da agricultura para a indústria. Em 2006, 30 anos após a publicação de *Les 30 Glorieuses*, a parte que compete à indústria no cômputo do emprego norte-americano passa por baixo da barra simbólica dos 10%.

Um mal-entendido deve, portanto, ser reparado. A economia terceirizada não ficou, de nenhuma maneira, "livre" do mundo dos objetos. Eles certamente custam menos para se fabricar e a parte do emprego destinada à sua produção se reduziu. Mas seu número continua a crescer em volume, no mesmo ritmo que antes. Os objetos são sempre mais inconvenientes, mesmo em uma sociedade de serviços. No seio do mundo terceirizado, os empregos industriais desmoronaram e os operários se transformaram em técnicos de manutenção ou de reparação. Os empregados, frequentemente mulheres, são caixas ou vendedores. Na verdade, o mundo dos objetos continua tão opressor quanto antes.

Em qualquer hipótese, a grande esperança de um trabalho livre das agruras do mundo físico certamente não se concretizou, prova disso são os aumentos de salários dados àqueles que sofrem de dores físicas e se queixam por terem que deslocar objetos pesados.[3] Longe de ser o paraíso sonhado por Fourastié, a sociedade de serviços, aliás, como o próprio nome indica, está sob a ditadura dos clientes, que se transformam em verdadeiros mandões, às vezes tanto quanto os próprios patrões.[4] A esperança de uma sociedade humanizada se transformou em uma grande desilusão – a da ditadura do *just in time* imposto pelo cliente irascível que não suporta ser servido com atraso.

Mudança de época

Quando nos debruçamos sobre esse período de 30 anos, o que mais incomoda é encontrar aí a convicção dos contemporâneos de que a prosperidade duraria para sempre. Mesmo os economistas mais bem-informados sobre as tendências de longo prazo se deixaram persuadir de que o crescimento poderia continuar indefinidamente no mesmo ritmo. Nunca antes, no entanto, o crescimento francês se aproximou dos números registrados nesses 30 Anos Gloriosos. Sem considerar o período atormentado que se seguiu após a Primeira Guerra Mundial, o crescimento francês durante muito tempo conheceu ritmos que hoje seriam considerados fracos, inferiores a 2% ao ano. Como poderia, então, ter crescido em níveis de 5% ao ano por tanto tempo?

O próprio Fourastié tem consciência perfeita de que essa época é um parêntese destinado a fechar-se. Ele explica que é impossível continuar a crescer nesse ritmo porque é inconcebível consumir essas quantidades produzidas. Fourastié repete aqui o erro que ele mesmo denuncia em outros textos: a ideia de que haveria um limite físico para o apetite humano. No entanto, tudo mostra que, ao contrário, o estômago cresce quando é bem nutrido. Outra tese defendida por Fourastié volta hoje com força. O crescimento indefinido, sobretudo se considerarmos o do Terceiro Mundo, acrescenta ele, criará novas tensões em relação à apropriação dos recursos ecológicos, raros, do planeta. O choque do preço do petróleo aparece aqui no diagnóstico que faz eco ao relatório publicado, em 1973, por um célebre grupo de futuristas, o Clube de Roma, sobre o crescimento zero.

A causa, muitas vezes ocultada pelos economistas para explicar a interrupção inelutável do crescimento dos 30 Anos Gloriosos, no entanto, mal é mencionada pelo próprio Fourastié: o fim do crescimento norte-americano. Hoje, compreende-se que essa sequência eufórica marca, na realidade, um período de convergência para os Estados Unidos. Em 1945, o nível de rendimentos *per capita* dos franceses era, quando muito, um pouco maior do que um terço do nível norte-americano. Em 1975, a França chegou a mais ou menos 75% do nível de vida do outro lado do Atlântico. Esse foi o verdadeiro motor. A França cresceu 5% ao ano, levando 30 anos para alcançar os Estados Unidos. Se ela o fizesse em 15 anos, teria podido crescer 10% ao ano. Isso não teria prejudicado em nada a dinâmica de longo termo de sua economia. O crescimento apoiado sobre a imitação de um líder não pode continuar indefinidamente. O Japão comprovaria isso amargamente nos anos 1980. Igualmente, a China e a Índia poderão emular uma taxa de crescimento baseada no hiato – que continua considerável – entre suas economias e as dos países ricos. Mas o crescimento desses países também fatalmente se esgotará à medida que o processo de convergência com os países ricos se aprofunde.

É, com efeito, muito diferente alcançar um país que já constituiu um estoque elevado de saberes técnicos e organizacionais e continuar a crescer, em ritmo rápido, uma vez atingida a fronteira dos conhecimentos.[5] Ao longo do mesmo período, o crescimento norte-americano, que se manteve relativamente estável em relação aos anos anteriores, não atingiu mais do que 2,5% ao ano. Imaginar que o crescimento francês pudesse duradouramente valer o dobro foi, evidentemente, ingênuo. No entanto, foi uma ilusão compartilhada por quase todos os franceses. Ela explica por que seriam necessários diversos anos até que a França pudesse se desintoxicar, tanto econômica quanto politicamente, desses anos de crescimento rápido.

9. O fim das solidariedades

O século do Estado-Providência

Uma formidável transformação do mundo social iria eclodir provocada pelas complicações dos 30 Anos Gloriosos: o nascimento do Estado-Providência. No auge da guerra, Churchill solicitou, em novembro de 1940, um estudo que sugerisse medidas para combater, ao mesmo tempo, as consequências sociais da crise dos anos 1930 e os transtornos resultantes da guerra. Esse estudo foi tornado público em 1942. Beveridge expôs nele os princípios, hoje nossos, que deveriam fundar as obrigações de um Estado frente à sociedade com o propósito de lutar contra os cinco flagelos da humanidade, a saber, "a doença, a ignorância, a ociosidade, a imundície e a miséria".

Convencido por Keynes de que a única maneira de uma sociedade empobrecer é quando não gasta o suficiente, Beveridge encontrou fundamentos para defender a tese de que esse gasto social deveria ser garantido pelo Estado. Daí o título que foi dado a seu relatório: *Full Employment in a Free Society* [Pleno emprego em uma sociedade livre].

O Estado-Providência

O Estado-Providência não é, no sentido estrito, uma invenção de Beveridge. Sua concepção é anterior aos anos 1930 e, sem entrar nos detalhes de sua origem, é possível atribuir a Bismarck um de seus princípios fundadores. Logo em 1883, com efeito, ele fez votar uma das primeiríssimas leis sociais destinadas aos operários, instituindo um auxílio-doença obrigatório a ser pago aos trabalhadores de baixo salário. Bismarck proferiu esta frase célebre: "Os senhores democratas entrarão pelo cano quando o povo se der conta de que o soberano se ocupa mais de seus interesses." Nas vésperas da Primeira Guerra Mundial, a Grã-Bretanha, a França e os Estados Unidos já haviam votado leis sociais.

O século XX é aquele que vê o papel do Estado crescer massivamente. Cada uma das duas guerras desempenhou, para isso, um papel fundamental. A alta dos gastos públicos obriga os Estados a aumentar a base fiscal em níveis inéditos, de onde não baixarão nunca mais. Passadas as guerras, a primeira e, depois, a segunda, os gastos sociais substituem lenta, porém seguramente, os gastos militares.

Esse crescimento em potencial das despesas públicas não obedece, no entanto, verdadeiramente a um plano. Ele é com frequência imposto pelos governos. Como demonstraram Robert Delorme e Christine André,[1] a sociedade cada vez mais passou a reivindicar os direitos à educação, à saúde e à aposentadoria, que sempre estiveram além dos planos governamentais. Desde suas origens o Estado-Providência está em crise… Mesmo se o keynesianismo contribuiu para tornar essa revolução intelectualmente aceitável, o aumento das despesas sociais inicialmente correspondeu mais a necessidades imediatas, como auxílio-doença, auxílio-velhice, do que a um plano keynesiano de regulação das atividades.

Nada demonstra melhor a força dessa demanda social do que a comparação entre os Estados Unidos e a Europa no campo da saúde. A maior parte dos gastos norte-americanos foi assumida pela previdência privada. No entanto, essas despesas representam mais do que 15% do PIB, vale dizer, uma cifra 50% superior à da Europa. O aumento das despesas sociais não pode, então, ser atribuído ao Estado (e à sua suposta tolerância excessiva). Ele reflete muito mais a satisfação de uma necessidade (a de ser cuidado e de se assegurar uma garantia de recursos para os dias de velhice) a que as previdências *privadas* norte-americanas atendiam quando o Estado não estava preocupado em fazê-lo. A demanda de saúde é uma das reivindicações naturais de uma sociedade que enriquece.[2] Que a previdência seja privada ou pública não muda, na verdade, o cerne do problema. Esses gastos precisam ser regulados. O paradoxo, frequentemente esquecido pelos opositores do Estado-Providência, é, com efeito, o seguinte: o Estado desempenha muito mais o papel de um policial do que o de um arrombador de cofres.

Esse ponto ficou particularmente claro no caso das despesas com saúde e foi analisado, a partir de 1963, pelo economista Kenneth Arrow, futuro prêmio Nobel. Arrow resumia o problema específico colocado pelas despesas médicas nos seguintes termos:[3] a saúde é um dos raros bens econômicos cuja demanda (pelo doente) depende inteiramente da apreciação feita pelo ofertante (o médico). A oferta cria, nesse caso, a demanda – como diria Jean-Baptiste Say –, mas pela razão perversa de que o demandante não sabe o que quer. Todos aqueles que, uma vez na vida, já duvidaram da honestidade de um mecânico ou de um vendedor de carros sabem do que Arrow está falando. No entanto, se é possível trocar de carro, não é possível trocar de corpo. Ninguém ousa, em geral, contestar o diagnóstico de seu médico, que pode aumentar a conta. Estudos econométricos norte-americanos quantificaram a importância desse fenômeno. Um aumento de 10% no número de médicos vivendo em uma região contribui para o crescimento em 5,5% das despesas com saúde na mesma região: a oferta cria a sua própria demanda...[4]

Uma vez que está na natureza das despesas de saúde serem cobertas por uma previdência, pública ou privada (quem ousaria correr o risco de morrer de uma apendicite por falta de dinheiro?), o mecanismo perverso identificado por Arrow é reforçado. Não apenas não se ousa contestar o diagnóstico do médico, como, além disso, a cobertura dada pela previdência não estimula que isso aconteça. Em síntese, as despesas com saúde são encorajadas por um mecanismo duplo: o ofertante impõe seu produto junto a um demandante e a transação é paga por um terceiro (a previdência). Em comparação com os Estados Unidos, a saúde na Europa é, assim, mais igualitária e *menos cara* (na Europa, a cobertura é quase total no conjunto de países, enquanto 47 milhões de norte-americanos não têm nenhuma cobertura social). A razão é simples: o Estado é, na realidade, um *freio* a esses excessos, mais do que uma casa de tolerância.

O dilema das gerações

Ao longo dos anos 1980 foi ficando cada vez mais claro que os 30 Anos Gloriosos não voltariam jamais. Com a diminuição do ritmo de crescimento, a crise das finanças públicas tornou-se patente. Pouco a pouco, o conjunto de solidariedades que se formou durante os anos dourados do pós-guerra vai se erodir justo no momento em que estas deveriam se tornar essenciais. As classes médias nos Estados Unidos se cansaram de ajudar os pobres; os milaneses, de subvencionar os romanos; os flamengos, de financiar os valões... Para entender a natureza da crise que a diminuição do crescimento infligiu ao Estado-Providência, uma peça de teatro escrita por Loleh Bellon, *De si tendres liens* [Laços muito carinhosos], se revela um guia precioso.

Laços muito carinhosos

Nessa peça, duas mulheres, uma mãe e sua filha, são colocadas em cena em dois momentos de suas vidas. No primeiro a mãe é uma jovem divorciada e a filha, uma criança. Todos os diálogos que se referem a essa época têm, em substância, o mesmo conteúdo: a filha quer que a mãe fique em casa e cuide dela, ao invés de sair com homens à noite. O segundo momento acontece 25 anos mais tarde. (A peça é construída de tal maneira que nunca se sabe, de imediato, quando acontecem os diálogos.) A filha se tornou uma mulher cujas preocupações se voltam para o marido, os filhos e o trabalho. A mãe se transformou em uma mulher idosa; ela fica só e os diálogos que se relacionam a essa época têm somente um conteúdo: a mãe pede à filha que fique com ela, que não a abandone na solidão.

A graça dessa peça é a alternância contínua entre as duas épocas. Com 25 anos de intervalo, é o mesmo diálogo que se repete, só que os papéis estão invertidos. Cada uma dessas duas mulheres, em dois momentos distintos, solicita a mesma coisa: ser amada pela outra. Se tivessem a mesma idade, o problema seria mais simples: o amor recíproco entre elas se reforçaria, aqui e agora. A dificuldade de se amar, de uma geração a outra, deriva do fato de que jamais existe uma coincidência entre necessidades (para retomar uma fórmula utilizada pelos economistas).

A peça de Bellon torna essa frustração ainda mais problemática porque mostra também o quanto seria mais simples se essa mãe dedicasse mais tempo à sua filha, e a filha um pouco mais de tempo à mãe. Parece, de fato, que falta pouca coisa para que esse amor recíproco se libere das amarras impostas pela diferença de idade. Seria suficiente que essas mulheres tivessem acesso ao que acontece na maioria das famílias, em que todas as gerações juntas se amam. Em que os pais amam seus filhos e seus próprios pais, não interrompendo nunca a corrente de gerações.

Essas mulheres não têm acesso a isso porque estão presas a uma relação dual. A mãe não ama a filha o suficiente (e procura outro casamento) porque sabe (teme) que, mais tarde, sua filha se afastará dela para cuidar da própria vida. Falta uma ponte – uma instituição de perenidade assegurada, a "família" – para que os filhos transmitam o amor de seus pais aos próprios filhos e também a seus pais. Na ausência dessa corrente intergeneracional, na peça cada uma ama a outra, é claro, mas a frustração mostrada por Loleh Bellon impede que esse amor se libere das restrições do aqui e agora.

Uma interpretação econômica

Na linguagem árida dos economistas, dir-se-ia que a mãe e a filha são forçadas a uma troca afetiva "ineficiente". Nenhuma é infeliz por si mesma, mas nenhuma pode amar mais a outra. Um modelo atribuído a Paul Samuelson e a Maurice Allais, que desempenha um papel essencial na análise econômica, ilustra perfeitamente os mecanismos desse drama.[5]

Para compreender a lógica em questão retornemos ao relato de nosso amigo Robinson Crusoé, sozinho em sua ilha. Robinson sabe que será um pescador menos hábil quando envelhecer. A fim de se preparar para sua aposentadoria, ele pode fabricar varas de pescar em grande quantidade, mas o número nunca será suficiente. Desgastado pela fadiga, ele morrerá precocemente por causa da impossibilidade de pescar tão destemidamente quanto na juventude. Suponhamos, no entanto, que um novo habitante, um novo Robinson Crusoé, apareça na ilha trazido pelas ondas mais ou menos a cada 25 anos. O novo Robinson ignora tudo de seu predecessor. Como dois ingleses que não foram apresentados um ao outro cada qual leva uma vida solitária. O jovem Robinson observa o velho definhar, incapaz de se alimentar. Pode até ajudá-lo por humanidade. Mas como as mulheres da peça de Loleh Bellon, sua generosidade tem limites; ele também deve pensar em seus dias de velhice.

Suponhamos, agora, que a ilha tenha um regulamento inexorável: cada jovem Robinson Crusoé deve doar ao velho obrigatoriamente uma parte, digamos 10%, de suas pescarias. Aparentemente expropriados de seus rendimentos pela arbitrariedade dessa regra, os jovens percebem que têm acesso às gerações futuras. Quando envelhecerem, receberão, por sua vez, 10% dos rendimentos dos (novos) jovens. A contribuição cobrada pelo Estado (este é o nome dado a essa lei) permite a existência de uma nova troca intergeneracional. Todos os Robinsons, jovens ou idosos, ganham com isso. À semelhança do amor intergeneracional que produz uma família – do qual as mulheres, na peça, são privadas –, cada um lega às gerações precedentes o que receberá das gerações futuras.

Esse é exatamente o funcionamento dos sistemas de aposentadoria por partilha: os inativos recebem uma contribuição dos ativos. Em uma economia em crescimento, esse sistema é bastante atraente. Isso porque quanto mais ricos vierem a ser os jovens, em função de um crescimento rápido, mais interessante será abrir mão de 10% de rendimentos hoje diante da promessa de receber, em troca, 10% de rendimentos das gerações que estão por vir. Essa propriedade do sistema de aposentadorias explica por que este foi tão aceito nos 30 Anos Gloriosos. Quanto mais o crescimento é rápido, mais estamos inclinados a confiar seu produto ao Estado.

A (nova) crise das finanças públicas

Um estranho paradoxo se esboça. O crescimento vigoroso induziu à crença na possibilidade de um vínculo durável entre as gerações. O Estado-

Providência gerou uma corrente de solidariedade financeira que, por sua vez, tendeu a substituir a família. Isso porque nos ocupamos menos de nossos pais quando eles se tornam independentes financeiramente. Mas essa corrente gerada pelo Estado-Providência se enfraqueceu quando o crescimento ficou mais lento. Então se perdeu tudo: a solidariedade familiar se desgastou e o Estado-Providência tornou-se um peso financeiro.

Esse raciocínio permite compreender, para além do único exemplo da assistência-velhice, a crise das finanças públicas que veio golpear os países industrializados a partir dos anos 1970, quando o crescimento diminuiu. Contrariamente ao raciocínio popularizado pelos herdeiros de Keynes, hoje parece que é o crescimento vigoroso que permite o aumento dos gastos públicos, e não os gastos que engendram o crescimento. Privado do crescimento rápido, o Estado-Providência teve que aprender a fazer economia. Os governos tiveram de arbitrar entre diversos gastos: saúde ou educação, exército ou pensões. Isso porque os impostos e as contribuições sociais tornam-se mais difíceis de alavancar quando o crescimento diminui. Os governos acordaram então, dolorosamente, para a realidade de uma restrição orçamentária nova, quando a euforia passada os fez acreditar, a eles também, em uma solidariedade perpétua entre as gerações.

A busca impossível do bem-estar

O imenso desespero que o fim dessa Idade de Ouro provocou na sociedade francesa iluminou um traço fundamental da sociedade moderna: seu apego ao crescimento. Esse apego ultrapassa o encorajamento às finanças públicas. Chega a tocar o bem-estar íntimo dos cidadãos. Os franceses eram incomparavelmente mais ricos em 1975 do que em 1945, mas não eram mais felizes. Por que tanto desgosto? A resposta é simples. O bem-estar dos modernos não é proporcionado pelo nível de riqueza. Depende do seu crescimento, qualquer que seja o ponto de partida desta.

O economista Richard Easterlin publicou, em 1974, um estudo que causou grande repercussão e que chamaria a atenção dos economistas para essa questão essencial.[6] Acompanhando durante 30 anos as respostas à pergunta "você é feliz?", ele mostrou que nenhuma alteração foi observada ao longo do tempo, a despeito de um formidável enriquecimento durante o período coberto. Como compreender esse paradoxo?

Retomemos, então, a questão de fundo: o que é a felicidade? As pessoas entrevistadas colocaram sempre em primeiro lugar a situação financeira, seguida pela família e pela saúde. Em 1960, 65% dos norte-americanos entrevistados mencionaram os aspectos financeiros; 48%, a saúde; e 47%, a família. Trinta anos mais tarde os números não se modificaram. Levar uma boa vida foi citado por 75% dos entrevistados, 50% citaram uma família bem-resolvida; mas a saúde perdeu um pouco de terreno: apenas um terço a usou como exemplo. A guerra, a liberdade, a igualdade foram bem menos evocadas: menos de uma vez em cada dez respostas. Os resultados foram impressionantemente estáveis em diversos países e em diversos regimes. Na Cuba de 1960, por exemplo, os números correspondentes foram 73%, 52% e 47%; na Iugoslávia do mesmo período, as respostas foram 83%, 60% e 40%.

Se a riqueza é um elemento importante do bem-estar, por que uma sociedade que enriquece parece fracassar em tornar seus membros mais felizes?

A explicação mais simples é esta: o consumo é como uma droga. Não é mais possível viver sem os produtos cuja existência se ignorava dez anos antes. O celular e o acesso à internet são elementos que se tornaram indispensáveis, uma vez inventados. O consumo cria uma dependência. O prazer que proporciona é efêmero, mas o desespero é imenso quando nos vemos privados dele. Essas intuições são confirmadas por um grande número de trabalhos recentes. Os estudos de Kahneman e Tversky ou de Andrew Clark mostram que aumentos de rendimentos tornam as pessoas felizes, mas que a satisfação proporcionada por um rendimento mais alto se evapora rapidamente. De acordo com tais estudos, 60% da satisfação desaparece totalmente ao final de dois anos! As análises do comportamento dos eleitores foram ainda mais assustadoras. No momento do voto, os eleitores parecem se lembrar apenas dos últimos seis meses de conjuntura econômica...

No entanto, essa primeira explicação não esgota a questão. E isso porque, em uma sociedade, os ricos são mais felizes. Se apenas o vício do consumo estivesse em questão os ricos deveriam se aborrecer tanto quanto os pobres... Ora, 90% dos mais ricos respondem que são ou muito felizes ou o suficiente, enquanto apenas 65% dos mais pobres respondem que o são. Esse resultado foi confirmado por inúmeras pesquisas. Aqueles que têm uma vida financeira mais folgada são sempre majoritariamente muito felizes. Se tudo não passasse do apego à riqueza, isso não deveria acontecer.

A explicação desse resultado, que não espantará ninguém, diz respeito a um fenômeno simples e eterno: a inveja. Sentimos prazer em conquistar mais do que os outros. Marx já tinha feito essa observação: "Uma casa pode ser grande ou pequena, mas enquanto os vizinhos tiverem casas do mesmo tamanho isso não será um problema. Se alguém constrói um palácio do lado, essa casa se tornará minúscula." Cada um tentará ultrapassar seus colegas ou amigos, aqueles que formam o "grupo de referência" com o qual nos comparamos. Estudos experimentais mostram que os indivíduos estão dispostos a desviar uma parte dos próprios ganhos para reduzir os de outros participantes do jogo. Andrew Clark mostra que existe até mesmo uma correlação negativa entre a satisfação no trabalho e o salário de um companheiro de trabalho![7]

Easterlin propôs, em um artigo mais recente, uma explicação que completa a anterior para as razões pelas quais os ricos são mais felizes do que os pobres. Tudo começa, segundo ele, na escola. Os jovens iniciam sua vida adulta com aspirações que são de início próximas umas das outras, não importam suas origens sociais. Quando se pergunta a eles que bens desejariam possuir, todos respondem que desejam (nessa ordem): um carro, uma casa própria, um jardim, um bom aparelho de som... A correlação entre as aspirações dos jovens e o nível de renda dos pais é quase nula! Tornado adulto, no entanto, cada um (rico ou pobre) termina por indexar suas aspirações à realidade à qual se vê confrontado. Com o tempo, as ambições se estagnam acima ou abaixo da posição que ocupam. Mas porque os ricos realizaram seus sonhos de infância e os pobres ficaram frustrados, os ricos tornam-se mais felizes...

Uma questão (talvez cínica) merece ser aqui destacada. Se, de acordo com essa interpretação, as crianças ricas são felizes nos momentos que passam com as crianças pobres, seria melhor deixá-las conviver o maior tempo possível. Ao confinar, desde a infância, os jovens ricos em guetos de ricos, eles seriam privados de ultrapassar suas aspirações. Seu mundo, assim, ficaria tão triste quanto o dos pobres.

No fim, pela inveja ou pelo sonho, cada um de nós indexa as aspirações às de um grupo de referência que desejamos imitar. É possível que esse grupo seja grande no início de sua vida (primos, crianças da mesma classe). Mas, com o tempo, o grupo de referência se reduz no mais das vezes àqueles próximos que partilham nosso destino social. Quando a carreira de dois amigos diverge torna-se muito difícil para eles realizarem atividades comuns. Que férias, que restaurantes eles podem partilhar sendo um rico e outro pobre? A diferença dos destinos materiais segmenta o mundo da vida afetiva.

Qualquer que seja a maneira de analisar esses resultados, uma conclusão simples e brutal se impõe: o crescimento dá a todos a esperança, ainda que efêmera, de sair de sua condição, de alcançar os outros, de ultrapassar suas expectativas. É a *melhoria* de sua situação que torna uma sociedade feliz. As sociedades modernas são ávidas de *crescimento* mais do que ávidas de riqueza. Mais vale viver em um país pobre que enriquece (rápido) do que em um país (já) rico, mas estagnado. Os franceses apreciaram loucamente os 30 Anos Gloriosos, pois tudo era novo. Mas, no final das contas, a página da felicidade a conquistar está sempre em branco. Por mais rápido que seja o crescimento econômico, em dado momento a sociedade é fatalmente presa da frustração quando esse crescimento diminui.

Epimeteu, um mito grego

A necessidade inesgotável de se comparar aos outros não é uma surpresa para os economistas que leram *A teoria dos sentimentos morais*, de Adam Smith, cuja maior conclusão, como já se viu, é que

> esperamos mais vantagens além de sermos notados e considerados, nada mais do que sermos olhados e considerados, nada além de sermos olhados com atenção, com simpatia e aprovação. Isso acontece por causa de nossa vaidade, e não de nossos potenciais ou de nosso prazer.

Essa constatação tampouco é uma surpresa para os especialistas em mitologia grega. Esse apetite insaciável é a punição que os deuses infligiram aos homens para neutralizar a força prometeica que lhes foi roubada. Jean-Pierre Vernant, em seu belo livro *O universo, os deuses, os homens*, fez um relato apaixonante dessa vingança divina:

> Antes da intervenção de Prometeu, os homens viviam como formigas em grutas. Graças a ele, transformaram-se em seres civilizados, diferentes dos animais e diferentes dos deuses. Zeus escondeu o fogo e Prometeu o roubou. Para vingar-se, Zeus preparou para o homem uma armadilha fatal. Inventou a primeira mulher, Pandora. O feminino já existia, dada a existência de deusas. E Pandora possuía a beleza desses imortais, sua aparência era divina. Luminosa à maneira de Afrodite e semelhante a uma filha da Noite, homens e deuses caíam por seu charme.
>
> Prometeu percebeu que tinha sido derrotado. Compreendeu imediatamente a ameaça que se apresentava ao gênero humano que ele tanto desejou ajudar. Como seu nome indica, *Pro-meteu* é aquele que compreende antes do tempo, aquele que prevê, enquanto seu irmão, que se chamava *Épi-meteu*, é aquele que compreende depois, *ép*, tarde demais, aquele que será sempre possuído e vencido, que não viu nada se aproximar.

A tragédia do mundo moderno se descortina, ainda segundo Vernant:

> Então, Prometeu compreendeu o que iria acontecer e preveniu seu irmão: "Escuta, Epimeteu, se alguma vez os deuses lhe enviarem um presente, jamais o aceite e devolva-o para o lugar de onde ele veio." É claro que Epimeteu jurou que não aceitaria nenhum presente. Mas eis que os deuses reunidos lhe enviaram a pessoa mais charmosa que existia. Eis, portanto, diante dele,

Pandora, o presente dos deuses aos humanos. Ela bateu na porta e Epimeteu, maravilhado, ofuscado, abriu a porta e a fez entrar sem demora. No dia seguinte estavam casados e Pandora já estava instalada, como esposa, entre os humanos. Assim começaram todas as desgraças.

Pandora é um fogo que Zeus introduziu nas casas e que queima os homens sem que seja necessário acender uma chama em qualquer lugar. Fogo ladrão como resposta ao fogo que foi roubado, Pandora introduziu a desgraça entre os homens. Pandora desejou ser saciada, preenchida. Ela não se satisfazia com o pouco que existia. Em cada lar onde se encontra uma mulher, existe uma fome insaciável que se instala, uma fome que devora. Desde então, os homens transpiram nos campos e as mulheres, como vespões, engolem as colheitas.

Os gregos, como se pode observar, despejam generosamente sobre suas mulheres suas próprias torpezas. Continua Vernant no comentário a esse mito:

> A mulher é dupla. Pandora encarna a fecundidade que produz e a voracidade que destrói. É o ventre que engole tudo o que seu marido duramente recolheu ao preço de seu sofrimento, de sua labuta, de seu cansaço, mas esse ventre é também o único que pode produzir aquilo que prolonga a vida de um homem: uma criança.

O que ainda permanece extraordinário, uma vez ignorada a odiosa misoginia do mito, é a imagem estarrecedora da verdade da aventura humana, que é oferecida desde as origens. Se o mundo moderno libertou Prometeu de suas correntes, é sob a influência de Epimeteu que a humanidade conduz sua vida ordinária, habitada por uma tensão jamais relaxada entre fecundidade e voracidade, não compreendendo até onde esse conflito leva até que seja tarde demais. Essa é, de fato, a imensa fragilidade de uma civilização que se acredita guiada pelo cálculo de seus interesses: ela não compreende o que lhe acontece até que seja tarde demais. O Ocidente jamais compreendeu, em tempo real, o crescimento econômico, a crise dos anos 1930, os 30 Anos Gloriosos... Com muita frequência, como foi o caso da lei de Malthus, não compreende as leis que o conduzem até que elas tenham caído em desuso. O Ocidente age primeiro e compreende depois.

10. A guerra e a paz

Os ciclos de Kondratiev

O abismo que se constrói entre as aspirações dos homens e a realidade que, em seguida, eles descobrem determina sua serenidade ou seu mal-estar. Transposta para a ordem geopolítica, essa questão se transforma na seguinte: as guerras são engendradas pela infelicidade ou pelo tédio, pelas crises ou pela prosperidade? Os dois grandes conflitos do século XX dão, cada um, uma resposta diferente. A Primeira Guerra aconteceu em um clima de prosperidade. A Segunda foi engendrada pela crise de 1929. Cada uma esclarece um aspecto do problema. Para compreender sua natureza, seguiremos uma cronologia, ao mesmo tempo profunda e excêntrica, estabelecida há 60 anos pelo economista russo Nicolai Kondratiev, que emprestou seu nome àqueles que mais tarde seriam chamados de "ciclos de Kondratiev".[1] Esse autor seria deportado por Stalin no fim dos anos 1920 sob a alegação de que sua teoria contradizia a teoria marxista do declínio tendencial do capitalismo. A cronologia de Kondratiev é então interrompida logo depois da Primeira Guerra Mundial. Mas é difícil resistir à fascinação dos números sem extrapolá-los.

Kondratiev fez a seguinte observação: a atividade econômica parece obedecer a uma periodicidade de 50 anos. Vinte e cinco anos de crescimento, em média, seguidos de 25 anos de crise, seguidos, por sua vez, de 25 anos de crescimento, e assim por diante. Ele traz à luz três grandes ciclos após a Revolução Industrial do fim do século XVIII. Forçando um pouco os números, chega-se à seguinte datação: 1789-1813: crescimento, 1814-48: crise e fim do primeiro ciclo; 1849-73: crescimento, 1874-98: crise e fim do segundo ciclo; 1899-1923: crescimento, 1924-48: crise e fim do terceiro ciclo.

Continuemos a obra de Kondratiev: 1949-73: crescimento, 1974-98: crise e fim do quarto ciclo; 1999-2023: crescimento, 2024-48: crise e fim do quinto ciclo... De acordo com essa cronologia já entramos no quinto ciclo. O período 1999-2023 deverá ser um período de crescimento que não deve se esgotar antes de 2023... A crise dos *subprimes* seria assim, de acordo com essa cronologia, uma aberração!

Raros são os economistas hoje que aceitam a datação proposta por Kondratiev. Sua crônica funciona às vezes para um país, mas não vale para outro, e, em qualquer hipótese, é difícil compreender cientificamente a necessidade de flutuações, cada uma com 25 anos. No entanto, a ideia de ciclos longos, quaisquer que sejam as acrobacias intelectuais às quais conduzem, permanece fascinante. Apesar de suas aproximações (a crise de 1929 é anunciada para 1923, a saída para a crise atual é prevista para 1998...), tal ideia testemunha uma respiração da sociedade que é, em si mesma, indiscutível. Nenhuma sociedade consegue manter-se nos trilhos de um crescimento regular. Os altos e baixos da atividade econômica fazem aparecer correlações preciosas para aqueles que desejam compreender a articulação entre os ciclos econômicos e os ciclos políticos e militares.

O próprio Kondratiev notou uma série de coincidências. Ele observou que foi ao longo dos períodos de expansão que as guerras foram mais numerosas. Os períodos de recessão, ao contrário, foram favoráveis à paz. As revoluções se produziram, de acordo com ele, em períodos de retomada, quando a crise já dava lugar ao crescimento. Um leitor fiel de Kondratiev, Gaston Imbert, escrevendo logo após a Segunda Guerra Mundial, estabeleceu uma correlação entre os ciclos econômicos e os processos políticos e sociais que confirmou essas observações.[2] Relembremos aqui o relato que ele fez das guerras da Revolução Francesa à Primeira Guerra Mundial.

No ápice do primeiro ciclo, no começo do século XIX, a Europa viveu ao ritmo das campanhas napoleônicas. A derrota de Waterloo marcou o início da retomada. Orquestrado por Metternich, o Congresso de Viena, que organizou a paz na Europa, fez pesar a revanche da reação política, encarnada na França pelo reinado de Carlos X. A economia europeia entrou em seguida em uma longa fase de deflação, de baixa de preços. A deflação fez pender a balança da história para o lado dos rentistas. Os que tiveram que se endividar sofreram. Os Estados não escaparam a essa regra. Seu único horizonte parecia ser saldar as dívidas contraídas durante as guerras napoleônicas. Até a metade do século XIX, os conservadorismos orçamentário e político reinaram, reforçando-se reciprocamente e rimando com a paz entre as nações.

Em 1848 o movimento se inverte, a respiração da sociedade muda de cadência. Luís Filipe é deposto, Metternich foge. Descobre-se ouro na Califórnia e na Austrália. Os preços formam uma curva ascendente, a inflação favorece, enfim, os investidores, isto é, aqueles que se endividaram. Paralelamente, a política muda de tom. Os bastiões da moral conservadora são vaiados. Os anos que vão de 1848 a 1873 assistem à aparição do marxismo, a redescoberta dos mitos da Revolução Francesa. A sociedade se agita, se desembaraça dos guardiões da ortodoxia aos quais havia sido entregue na sequência do Congresso de Viena. Uma nova geração, que tinha dez anos em 1810 e não tem aversão a conflitos armados, chega ao poder. Os conflitos se sucedem em ritmo rápido: a guerra da Crimeia, a guerra da Itália, a Guerra da Secessão, a guerra entre a Prússia e a Dinamarca, entre a Áustria e a França, entre a Áustria e a Itália e, enfim, a guerra entre a Prússia e a França, em 1870.

Desde então a história se deixa levar por seu movimento pendular. O ano de 1873 assiste à inflexão do ciclo de Kondratiev, que entra em sua fase descendente. A crise durará, outra vez, 25 anos. O período que vai de 1873 a 1897 será às vezes chamado pelos historiadores de "Grande Depressão".[3] Outra vez o sistema de valores se reergue. Um vento de paz universal sopra sobre as nações europeias, e as raras guerras que continuam sendo travadas são apenas fenômenos de periferia. A crise reaviva a moral conservadora dos pequenos poupadores. Citemos, outra vez, Gaston Imbert:

> Estranhamente calmo nos parece o período de baixa, período de tranquilidade política e social. A regressão econômica, diminuindo os lucros, purifica os costumes: divorcia-se menos, os filhos são mais numerosos e são abandonados com menos frequência, os abortos diminuem. Com a baixa dos preços, o número de crimes diminui, o organismo social se acalma.

Mas tudo muda outra vez com a retomada de um novo ciclo de Kondratiev. Em 1898, Zola e Clemenceau reabrem o dossiê do caso Dreyfus. Descobre-se ouro no Alasca novamente e na África do Sul. A máquina a vapor e a estrada de ferro são sucedidas pela era do automóvel e da eletricidade. A alegre fanfarra da história retoma seu curso amnésico. Decanta-se o crescimento e as guerras recomeçam: a sino-japonesa (um pouco adiantada, em 1895), a hispano-americana (1898), a dos Bôeres (1899), a greco-turca (1897), a russo-japonesa (1903-04), a ítalo-turca (1911), a dos Bálcãs (1912) e o conflito denominado Primeira Guerra Mundial (1914-18), que foi o digno herdeiro das guerras napoleônicas e se situou no ponto mais forte do período de crescimento.

Essa cavalgada desenfreada traz uma lição. Ciclos econômicos e ciclos militares estão intimamente ligados. Os conflitos eclodem, até a Primeira Guerra Mundial, inclusive, nos períodos de alta dos ciclos de Kondratiev. Ao contrário, nos períodos de crise, o Estado se dobra sobre si mesmo. Qual a origem dessa correlação entre guerra e prosperidade? E por que a Segunda Guerra Mundial invalida essa tese?

Economia e política

Uma análise keynesiana da correlação entre a guerra e o crescimento proporia o seguinte raciocínio: as despesas militares criam oportunidades novas para as empresas. As guerras estimulam o crescimento econômico. A paz, ao contrário, desencadeia a recessão: ela priva a economia das despesas com armamentos e amortece o crescimento. Hansen, o primeiro keynesiano norte-americano, notou esse fenômeno e dele tirou a recomendação prática de que bastaria evitar a segunda fase do ciclo (em que os Estados buscam pagar suas dívidas de guerra e reduzir suas despesas) para anular totalmente os ciclos econômicos.

Essa interpretação não é, no entanto, suficiente. E isso porque as guerras parecem nascer do crescimento, e não o contrário. Como demonstrou, com efeito, Gaston Imbert, elas nascem, geralmente, no *fim* de um ciclo de crescimento mais do que em seu início.[4] De acordo com um autor inglês que também fez a mesma observação, *"Sparks fly in the second stage of expansion"*: o fogo atinge a pólvora na segunda metade dos períodos de crescimento.[5] É o crescimento que leva à guerra.

Muitas teorias permitiram compreender esse encadeamento. A teoria do imperialismo é um exemplo. A ideia de Lênin, retomada de outra maneira por Hannah Arendt, é a de que a burguesia, quando passa a tomar progressivamente o controle dos assuntos do Estado, provoca a guerra para proteger suas provisões de matérias-primas e para encontrar e desenvolver oportunidades colonialistas. No entanto, como sublinhará Schumpeter, não seria pelo comando de suas burguesias que os Estados iriam à guerra, mesmo que estas tivessem interesse em aumentar seus protetorados comerciais.[6] Vão à guerra por sua própria conta, por poder. Os motivos de guerra ligados à economia não são, assim, mais numerosos nos períodos de recessão do que nos períodos de expansão. Mas é nos períodos de recessão que se torna mais urgente proteger seus mercados. As *guerras econômicas*, como o protecionismo, são provocadas muitas vezes em fases de recessão.

Outra teoria desenvolveu melhor a ideia de como o crescimento nutre o apetite de guerra dos Estados. Essa teoria segue o raciocínio proposto por Paul Kennedy, autor de um livro de sucesso, *Ascensão e queda das grandes potências*.[7] Para Kennedy, a riqueza econômica permite que a potência militar se manifeste. Ele desenvolveu, nesse sentido, uma teoria do *imperial overstretch* (superextensão imperial), segundo a qual as grandes potências são levadas a ir aos extremos de suas riquezas para defender seu status. Essa teoria está de acordo com a história fiscal dos Estados europeus, que ilustrou claramente, como já se viu, como eles se deixaram asfixiar, constantemente, pelos custos da guerra, sempre cheios de promessas de novas tecnologias militares. Onde Lênin enxergava, no século XIX, a mão da burguesia que pressionava os Estados a proteger seus mercados, Kennedy acredita mais no inverso: uma vontade de poder dos Estados, que abusam de suas burguesias para atingir os próprios objetivos.

Seguindo esse raciocínio, o papel do crescimento se torna claro: ele afrouxa restrições orçamentárias que pesam sobre os Estados e lhes permitem realizar ambições próprias. Os efeitos do comércio internacional sobre as guerras podem ser interpretados de acordo com a mesma grade de análise. Uma vez que pode permitir a uma nação em guerra latente com outra diversificar suas fontes de provisões, o comércio pode ajudar a criar novas guerras. Essa é a conclusão principal do estudo de Philippe Martin e de seus coautores seguindo as ideias otimistas de Montesquieu.[8]

Bem-estar privado, bem-estar público

Schumpeter criticou a posição de Lênin no que diz respeito à responsabilidade do capitalismo nas guerras europeias valendo-se do seguinte argumento: para ele, as aspirações coloniais e o belicismo em geral não eram nem um pouco consequências inelutáveis do sistema capitalista. Eram, antes, resquícios de uma mentalidade pré-capitalista fortemente enraizada nas classes dirigentes das principais potências europeias. Era inconcebível, para ele, que o capitalismo pudesse, por definição, conduzir à conquista e à guerra, posto ser um sistema estritamente de "racionalidade e cálculo".

A ideia de que as guerras nascem de conflitos entre diferentes tipos de mentalidade é muito esclarecedora. Mas o que Schumpeter parece ignorar é que essas mentalidades vivem juntas, muitas vezes de maneira contraditória, nas mesmas pessoas. O *Homo economicus*, frio e racional, despido de qualquer paixão, é uma ficção à qual Adam Smith, já o vimos, jamais aderiu. Na conclusão de seu livro *As paixões e os interesses*, Albert Hirschman remete Schumpeter, com ironia, às observações do cardeal de Retz, que nos lembra que, para julgar o comportamento dos homens "é necessário estar envolvido com paixão, mesmo nos assuntos em que presumivelmente eles obedecem apenas aos interesses".

Em outro livro, *Bonheur privé, action publique*, Hirschman propôs uma teoria que permite compreender como os indivíduos modificam seus sistemas de valores influenciados pelas circunstâncias econômicas. Sua teoria faz eco à teoria do bem-estar, de Easterlin.[9] De acordo com Hirschman, os indivíduos consomem dois tipos de bens. Os bens privados corriqueiros: habitação, roupas, alimentos, lazer... E os bens públicos, aqueles que dividem com os outros. Entram nessa categoria todos os grandes projetos coletivos, que são: a luta contra a pobreza, as viagens à Lua, as guerras... Nos termos de Hirschman, como também nos de Easterlin, não é o *nível* da riqueza que decide a preferência pelos bens públicos ou pelos bens coletivos, o hiato entre as aspirações dos indivíduos e sua realização é que é determinante. Uma redução brutal de um terço dos rendimentos disponíveis pode fazer com que as pessoas se tornem muito infelizes, da mesma maneira que um aumento de um terço pode torná-las maravilhosamente contentes (para retomar os números de Alfred Sauvy). Quando a riqueza fica aquém das aspirações, as pessoas se frustram, sentem-se pobres e se tornam individualistas. Ao contrário, quando são surpreendidos por uma riqueza que excede suas aspirações, os homens ficam dispostos a repartir o excedente que encontraram. Os bens públicos se tornam atraentes outra vez.

Vemos, assim, que o bem-estar coletivo é desejado nos períodos de crescimento, quando os bens de consumo privado são abundantes e o bem-estar privado tende, provisoriamente, a se saciar. Ao contrário, quando a expansão econômica é fraca e os bens de consumo são raros, o coletivo se torna um luxo bastante custoso e passa-se a exaltar os valores individuais e os prazeres sóbrios da vida em família... Existe, portanto, um arquétipo moral para os anos de vacas gordas e um arquétipo moral para os anos de vacas magras; os anos 1960, de um lado, e os anos 1980, de outro. Os primeiros exaltaram o coletivo, os últimos, endeusaram o indivíduo.

Se os períodos de forte crescimento engendram um "excedente social" propício a ações coletivas, o uso que será feito desse excedente está nas mãos da história política de cada país. A Alemanha do Kaiser aproveitou o seu para construir uma frota que pudesse rivalizar com a da Inglaterra. Os Estados Unidos de Kennedy e de Johnson, por sua vez, desejaram se distanciar da União Soviética (no Vietnã e na Lua) e projetar uma nova fronteira em matéria de direitos sociais.

Nos momentos em que esse quadro se reverte observam-se efeitos exatamente opostos. Uma sociedade que experimenta um crescimento mais lento do que o previsto ou, com maior intensidade, experimenta uma recessão, sente-se pobre. O excedente desaparece e é cada um por si. A situação paradoxal é então que a solidariedade social se torna muito mais difícil de se manter no momento mesmo em que se torna mais necessária. A diminuição do crescimento após os 30 Anos Gloriosos ilustra perfeitamente esse processo. As solidariedades entre as regiões, entre as gerações, tornaram-se mais pesadas, mais difíceis de suportar, ainda que as sociedades em questão fossem muito mais ricas do que eram 30 anos antes.

A fragilidade intrínseca das sociedades industriais se compõe dessa difícil articulação de períodos de alta e de períodos de baixa. O crescimento dá aos Estados e aos povos que neles vivem os meios de realizar velhas ambições geopolíticas e, assim, não prejudica de nenhuma maneira a paz. A Primeira Guerra Mundial é uma herdeira dessa sequência. A crise, ao contrário, enfraquece o corpo social. A capacidade de apoiar-se, econômica e moralmente, nas riquezas acumuladas durante os períodos de crescimento parece impossível. A sociedade se divide e todos os dramas se tornam possíveis. O sociólogo Ernest Gellner resumiu perfeitamente essa situação:

> A sociedade de crescimento contínuo atenua a agressão social pelos progressos materiais. A grande fraqueza desse ideal é que ele não é capaz de evitar a desestruturação da sociedade e de superar a perda de legitimidade que aconteceria se a cornucópia da abundância se esvaísse temporariamente, fazendo com que o poço secasse.[10]

A Segunda Guerra Mundial testemunhou esse encadeamento, mas de maneira atípica. No momento em que Hitler subiu ao poder, era evidente que nem a Inglaterra nem a França, enfraquecidas pela crise econômica, desejavam (quase que a nenhum preço, como mostrariam a Munique) essa guerra. A crise lhes suprimiu o desejo de guerrear. Paz e recessão deveriam rimar. Mas foi o drama da humanidade que Hitler compreendeu antes de qualquer pessoa, oferecendo à Alemanha uma solução externa a seus problemas internos.

A Segunda Guerra Mundial ultrapassa, evidentemente, todas as interpretações mecânicas que possam ser feitas. O desmoronamento moral da Alemanha nunca poderá ser deduzido apenas das únicas causas objetivas que representaram o Tratado de Versalhes ou a crise de 1929. Escapou à "racionalidade e ao cálculo". Como diria o filósofo alemão Ernst Cassirer, em abril de 1945:

> A cada instante crítico da vida social as forças racionais, que resistem ao despertar das velhas ideias místicas, perdem sua confiança. [Esse despertar parece implicar] desde já que, por uma razão ou por outra, as outras forças de coesão da vida social do homem perdem sua eficácia, e não estão mais em condições de lutar contra as forças demoníacas.[11]

Esses propósitos, que poderiam ser escritos no epitáfio de uma história fechada, vão, no entanto, tornar-se tragicamente atuais pouco antes que o fim do século XX feche suas portas.

PARTE III

Na hora da mundialização

11. O retorno da Índia e da China

A grande divergência

A história retoma sua marcha. Entre a morte de Mao e a queda do Muro de Berlim, um novo fenômeno, a mundialização, zera os ponteiros da história humana. O ato fundamental que institui essa mundialização pode se resumir a um fato maior: o retorno da Índia e da China ao jogo do capitalismo mundial. A despeito das ideias vigentes sobre esses dois países-continentes alguns anos antes, suas especificidades culturais não ofereceram resistências insuperáveis ao reino do mercado. Mas para compreender como se deu seu retorno à mesa do capitalismo mundial e o alcance excepcional dessa virada, retomemos o exame das razões pelas quais essas duas grandes civilizações foram eclipsadas pela Europa ao longo de três séculos.

O Oriente e o Ocidente

Hegel e, depois, Marx popularizaram a ideia de que a Ásia havia vivido sob o jugo de "déspotas orientais". O poder absoluto desses déspotas teria bloqueado a evolução da Ásia para o mundo moderno, ou seja, o do Ocidente governado por iniciativas individuais e instituições políticas representativas. Tais ideias serão retomadas, em parte, por Max Weber, que caracterizará essa evolução como uma "racionalização" do mundo econômico e da vida social, separando o espaço público do privado e levando a uma burocracia legal e racional. Weber tinha algum conhecimento da atividade comercial dos chineses e dos indianos, mas argumentou que apenas o Ocidente aprendeu a dominar racionalmente as relações comerciais, como testemunharia, por exemplo, a criação da contabilidade em partidas duplas.

A alta densidade da população asiática mostra, no entanto, que o continente não tinha, na realidade, nada a invejar da Europa. De acordo com o raciocínio de Malthus, quanto mais uma sociedade é povoada, mais demonstra que aprendeu a resolver os problemas agrícolas que normalmente freiam a expansão demográfica. Do ponto de vista industrial, o algodão indiano, a seda ou a porcelana chinesas provaram também que a Ásia já dominava a produção manufatureira muito antes da Inglaterra. Seus mercadores cruzavam o oceano Índico há muito tempo quando a Companhia das Índias Orientais começou, no início sem o menor êxito, a rivalizar com eles. Conforme sublinha o historiador e economista Kenneth Pomeranz no livro *The Great Divergence*,[1] essa zona era um verdadeiro paraíso do *laissez-faire*, com portos como os de Calcutá e de Malaca muito mais liberais do que seus homólogos europeus. O Império mogol, na Índia, ou a dinastia Qing (os Manchus), na China, não eram os Estados indolentes que os ocidentais imaginavam, mas impérios multiétnicos complexos muito mais sofisticados do que o dos Habsburgo austríacos, por exemplo.

Essas duas civilizações dispuseram por muito tempo de uma densidade e de uma riqueza inigualáveis. No ano 1000 da era cristã, a Índia e a China representavam mais da metade da riqueza e da população mundial. A Europa não contabilizava mais que 10% de uma e de outra. A China estava à frente do Ocidente em praticamente todos os domínios. Já dominava o arado de ferro e a besta, já conhecia a laca, a pipa (a ponto mesmo de suspender pessoas), a bússola, o papel, o aço, o emprego do petróleo e do gás natural como combustível, o arreio para cavalos, o carrinho de mão, os canais para a navegação interna... As pesquisas alquímicas chinesas levaram à invenção da pólvora. Seu fascínio pelo magnetismo levou à descoberta da bússola, o que permitiu viagens audaciosas como as realizadas pelo almirante Zhang He, na África.

Nos sete volumes da magistral *Ciência e civilização na China*,[2] Joseph Needham fez a pergunta que resume todas as outras: por que a ciência moderna, aquela de Galileu e de Newton, desenvolveu-se no Ocidente e não na China? Que obstáculo oculto freou seu avanço? Os chineses fabricavam relógios hidráulicos mas não chegaram aos relógios mecânicos. E não terá sido por desinteresse, dado que estes logo os fascinaram quando lhes foram apresentados pelos europeus. Inventaram a pólvora, que não utilizavam para fins militares, mas apenas em fogos de artifício. A pólvora, sem grande utilidade em si mesma, não se tornaria eficaz na Europa sem que fosse seguida por inúmeras invenções. Serão necessárias várias adaptações antes de tornar a bala de canhão mais assassina para quem a recebe do que para quem a envia.

Por que os chineses não foram capazes de desencadear, eles próprios, o mesmo processo de crescimento vivenciado pelos europeus, dado que suas condições de partida eram bem melhores? Muitas explicações foram sugeridas para essa questão perturbadora.

O papel ambíguo dos mercados e do Estado

Para explicar o êxito econômico da Inglaterra a partir do século XVII, autores como Douglas North chamaram a atenção para a qualidade de suas instituições: o respeito pela propriedade privada, um Estado solvente, mercados eficazes... Se seguirmos a demonstração implacável feita por Pomeranz, no entanto, nos daremos conta de que essas instituições estavam igualmente presentes na China do século XVIII. Nenhuma discrepância nem no Estado nem no desenvolvimento dos mercados é capaz de explicar o recuo chinês.

Comecemos pela ideia muito popular segundo a qual tanto na Ásia quanto no mundo islâmico o Estado era poderoso demais para que os mercadores (ricos) se sentissem verdadeiramente seguros.[3] Não é certo, diante dos dados disponíveis, que a expropriação dos mercadores fosse mais frequente na Ásia do que na Europa, onde uma longa tradição real de repudiar as dívidas públicas foi bem documentada. Na verdade, o Estado chinês tomava muito pouco emprestado! Seus rendimentos agrários cobriam suas despesas.[4] Tendo menos necessidade de dinheiro, sentiu-se menos pressionado a ceder, contra receitas, uma série de monopólios sobre o comércio do sal, do tabaco, do álcool... como foi o caso na Europa.

O atraso asiático em matéria de propriedade da terra e do trabalho também não é evidente. A maior parte das terras da China era tão comercializável quanto as da Europa. Algumas, sobretudo no norte, pertenciam, em teoria, ao Estado e eram alugadas a título hereditário. No entanto, essas terras não representavam mais do que 3% do total. Em qualquer hipótese, elas eram de fato consideradas como de propriedade de seus titulares.[5]

O mesmo paralelo se impõe no que diz respeito ao mercado de trabalho. O trabalho servil, ligado a um proprietário, perdeu rapidamente terreno na China mais ou menos na mesma época que na Europa ocidental. O sistema hereditário que obrigava um filho a desempenhar o mesmo ofício que o pai se desintegrou a partir do século XV. Formalmente, foi abolido pelos Qing em 1695. Quando da transição das duas dinastias, Ming e Qing (cerca de 1620), a maior parte dos trabalhadores ainda servis foi libertada, graças às guerras, ao caos e à penúria de mão de obra que se seguiu. Os camponeses chineses encontraram, na verdade, bem menos obstáculos do que seus pares europeus para passar da terra ao artesanato. Em matéria têxtil, as corporações chinesas eram fracas. Os Qing encorajaram fortemente as mulheres dos campos a se engajarem na produção industrial. Na França, seria necessário esperar a Revolução para que se pudesse dissolver o poder das corporações.[6]

Mesmo nos domínios da "sociedade de consumo" não parece que a Europa tenha estado à frente da China. Entre 1400 e 1800 notou-se uma evolução similar do número de objetos de consumo que ampliavam o status de uma pessoa. A dinastia Ming (1368-1644) se estende por um período durante o qual o interior dos lares dos chineses com recursos se cobria de quadros e de mobílias preciosas. À medida que o status social pôde ser adquirido graças à compra de bens de consumo refinados, mais do que por hereditariedade, os livros sobre o "bom gosto" se multiplicaram tanto na China como na Europa, única maneira de a aristocracia preservar seu status, ainda que correndo o risco de arruinar-se. Um "tratado de coisas supérfluas" foi, assim, publicado nesse período, ajudando a aristocracia a se mover dentro do novo sistema da moda e ensinando as maneiras de se distinguir da vulgaridade dos "novos-ricos".

História e geografia

A China conheceu, no século XIV, uma revolução industrial muito parecida com aquela que se iniciará na Inglaterra quatro séculos mais tarde. Graças a uma revolução agrícola ligada à utilização de um arroz vietnamita muito mais produtivo, ela vivenciou um período de urbanização rápida. Os têxteis e a siderurgia se desenvolveram.[7] Estava, então, às portas de uma revolução industrial. Os chineses já tinham compreendido há muito tempo o princípio da pressão atmosférica. De um ponto de vista estritamente tecnológico, poderiam ter perfeitamente desenvolvido uma máquina a vapor. Por que, então, não o fizeram?

De acordo com Pomeranz, um acidente geográfico foi a principal causa dessa divergência de destinos. O norte e o nordeste da China dispunham (e ainda dispõem) de vastas reservas de carvão. Os chineses dominavam a transformação do carvão em coque (carvão purificado). Na verdade, a China já produzia mais carvão para fins metalúrgicos no ano 1000 do que toda a Europa (excluída a Rússia) em 1700. Porém, a invasão mongol do início do século XIV complicou essa situação. Quando a China reencontrou certa estabilidade, após 1420, o centro demográfico e econômico do país tinha se trasladado para o sul. A extração do carvão foi retomada no norte, mas nunca se transformou em um setor dinâmico, no limiar das inovações. Os usuários em potencial do carvão, no sul, e os produtores, no norte, se desencontrarão.

David Landes privilegia outra hipótese, de ordem cultural.[8] A China, explica, afunda progressivamente em um horizonte filosófico e político de imobilidade que atinge seu auge na dinastia Ming, no decorrer da qual o Estado abole o comércio exterior. Superadas as desordens que sucedem a invasão mongol, a busca de estabilidade interna torna-se prioritária e a exploração do mundo passa a um segundo plano. Apesar das zebras e das girafas levadas da África pelo almirante Zhang He, o imperador decide que essas viagens são custosas e inúteis.

Essa política vai desencorajar o comércio e a indústria e favorecer a corrupção e o nepotismo. Étienne Balazs, citado por Landes, resume tal busca da imobilidade como uma necessidade obsessiva de controlar o Império.[9] À maneira de um Estado totalitário, como se diria hoje, o Estado comandava tudo, do comércio à educação. "A atmosfera de rotina, de tradicionalismo e de imobilidade tornava toda inovação suspeita." A China não se beneficiou do estímulo que, na Europa, foi representado pela rivalidade entre as potências europeias. Preocupada com sua estabilidade interna, interrompeu a dinâmica que havia desenvolvido anteriormente. Alguns decênios antes que Cristóvão Colombo embarcasse para a América, a China já havia escolhido a estabilidade e se havia fechado em si mesma. A Europa seguiu outro caminho.

O retorno da China

Fernand Braudel relatou, em sua *Grammaire des civilisations*, o espanto de um viajante inglês, na China do século XVIII, ao constatar que "navios são carregados nos braços, de um canal a outro, sem que se usem as comportas". Essa anedota, que sintetiza tantas outras, fez Braudel afirmar: "O homem vale muito pouco na China." Isto é, substancialmente, o que assusta de novo, hoje, na (re)aparição da China no cenário internacional: a existência de 1,3 bilhão de pessoas prontas para trabalhar por quase nada, formando um imenso exército industrial de reserva que o próprio Marx jamais teria concebido.

A velocidade com que o país passou de um status de economia isolada do resto do mundo para uma das mais abertas é assustadora. Tornou-se o terceiro maior exportador mundial, atrás dos Estados Unidos e do Japão, mas à frente da Alemanha. Toda a energia intelectual dos analistas está, agora, focada na elaboração de inventários dos setores (e seus concorrentes estão de luto) que a China exporta: têxteis, jogos, televisores, passando por produtos totalmente inesperados, conforme a lista barroca apresentada por Erik Izraelewicz em seu best-seller *Quand la Chine change le monde*: trufas do Périgord, granito da Bretanha...[10]

Os excedentes comerciais permitiram à China a acumulação de imensas reservas de troca que lhe conferiram uma tremenda dianteira em relação a outros países industriais, à semelhança dos grandes países exportadores de petróleo. Só em ativos circulantes, por exemplo, a China detém o equivalente ao PIB francês! Essas reservas lhe dão a força de uma nova potência. A China auxilia economicamente a África e paga tributo às grandes organizações internacionais nas quais pretende ocupar um lugar...

É fácil se deixar impressionar pela rapidez com que a China pode se tornar o país mais rico do mundo. Em 2005, seus rendimentos totais já atingiam o terceiro lugar no planeta, atrás apenas dos Estados Unidos e do Japão. Extrapolando os ritmos atuais, a China se tornará o país mais rico do mundo em algum momento entre 2030 e 2050. De acordo com as estimativas do banco Goldman Sachs, isso poderá acontecer por volta de 2030. As previsões do CEPII*, um centro francês de estudos de economia internacional, são mais cautelosas. Tomando o cuidado de deflacionar o esperado crescimento chinês na proporção de seu enriquecimento, prevê que será necessário esperar até 2050 para que ocupe o primeiro degrau do pódio.

Essa revanche anunciada se apoia, evidentemente, no peso da população. Em termos de rendimentos por habitante, no entanto, a China continua sendo um país pobre. Nas classificações internacionais, situa-se no nível do Egito, ou seja, com um padrão de vida de um norte-americano em 1913. Se a China se transformasse, digamos em 2050, no país mais rico do mundo, isso se daria com rendimentos *per capita* semelhantes aos de um norte-americano do ano 2000. Medido em termos de anos, o atraso chinês em relação aos Estados Unidos passaria de um século e meio em 1990 para meio século em 2050.

A nova fábrica do mundo

Essa transformação da economia foi decidida pelas autoridades chinesas depois da morte de Mao. Após a eliminação da "camarilha dos quatro",

---

* Centre d'Études Prospectives et d'Informations Internationales. (N.T.)

liderada pela viúva do grande timoneiro, Deng Xiaoping colocou o país nas vias de uma economia de mercado. Esse procedimento foi realizado em diversas etapas finamente concebidas do ponto de vista político, mas que provocaram vez por outra estupor, quando encaradas por um ângulo econômico. A primeira etapa do processo consistiu em liberalizar o preço dos produtos agrícolas, o que permitiu aumentar rapidamente os rendimentos dos camponeses, longamente sufocados pelos preços que eram mantidos em níveis artificialmente baixos. Teria sido possível pensar, a essa altura da transição, que o regime se tornara, enfim, favorável aos camponeses, sensível ao argumento dos fisiocratas segundo o qual não há enriquecimento durável que não seja graças a uma agricultura próspera. Não o foi de nenhuma maneira. Muito rapidamente a política econômica tomaria um caminho quase oposto: iria, na verdade, encorajar um desenvolvimento maciço do setor industrial em detrimento das populações rurais.

A privatização das terras parecia, nesse momento, uma etapa lógica do processo de liberalização. Essa etapa, no entanto, não aconteceu. Seria necessário esperar até 2008 para que se iniciasse o debate sobre a propriedade privada das terras. A economia e a política seguiam caminhos opostos. O reagrupamento das terras teria permitido o crescimento da produtividade agrária. Mas a preocupação dos governantes era evitar que os pequenos camponeses as vendessem, o que provocaria logo em seguida uma migração em massa e sem controle para as cidades.[11] Essa restrição de acesso à propriedade rural foi idêntica à posição tomada inicialmente pelo Japão no século XIX, pela mesma razão. Assim, a produtividade agrícola chinesa continuaria baixa. Passado um primeiro momento em que a liberalização dos preços permitiu aos camponeses um enriquecimento rápido, seus rendimentos não progrediram mais.

A semelhança da estratégia chinesa com a japonesa extrapolou a questão rural. Foi, na verdade, essencialmente uma cópia e pode ser resumida em três eixos principais. Um primeiro aspecto seria o de manter o câmbio sistematicamente depreciado para impulsionar as exportações. A promoção destas, na verdade, é uma política constante na maior parte dos países asiáticos. Essa política se iniciou no Japão e depois se espalhou para os "Tigres Asiáticos", que seguiram esta via: Taiwan, Coreia do Sul, Hong Kong e Cingapura. Adam Smith explicava que o ingrediente principal de um crescimento duradouro está relacionado ao desenvolvimento dos mercados, cuja precariedade seria a principal característica dos países pobres. O mercado mundial permite contornar esse obstáculo à semelhança do que ocorreu no caso do desenvolvimento inglês no século XIX.

Um segundo aspecto da política chinesa importada do Japão relaciona-se a uma educação intensiva. A estratégia maoista de escolarização mostrou, aqui, seus resultados. Lançada na metade dos anos 1950, permitiu à China reduzir a um terço da população a taxa de analfabetismo no limiar dos anos 1980. Essa política foi em seguida reforçada por uma lei votada em 1986, que fixava um piso de nove anos de educação obrigatória após a idade de seis anos. Em 2025, será possível observar um número maior de chineses falando inglês do que de pessoas cujo inglês é a língua materna!

O terceiro aspecto relaciona-se a uma taxa de poupança muito alta, perto de... 50%. Tal taxa permite o financiamento de investimentos a um ritmo desenfreado e a acumulação de reservas externas consideráveis. Essa poupança superabundante libera o país da trava que, durante muito tempo, dificultou o crescimento dos países emergentes, notadamente na América Latina: a penúria de divisas.

A poupança chinesa é observada com perplexidade pelos economistas da mesma maneira que a poupança japonesa, anteriormente. Por que os chineses não consomem mais? A resposta não parece estar relacionada a nenhuma ideia de frugalidade. Os padrões chineses de consumo atingem, rapidamente, os do Ocidente. Já se constatam 94 aparelhos de televisão em cores e 46 geladeiras a cada 100 lares chineses. Seus hábitos alimentares também estão em plena modificação e se aproximam com grande velocidade dos hábitos do Ocidente. O McDonald's abre, na China, 100 novas lojas por ano! Os chineses são verdadeiramente alucinados pelas marcas estrangeiras. A Ernst & Young publicou, em 2005, um relatório em que previa que em 2015 a China seria responsável por um terço da demanda mundial de bens de luxo, junto com o Japão, e bem à frente dos outros países. Também à imagem do Japão, exércitos de chineses se preparam para o turismo de longo curso, todos se fazendo fotografar em frente à torre Eiffel ou perto da torre de Pisa. Cem milhões de turistas chineses são esperados em 2015 (contra os 30 milhões de hoje)![12]

A poupança chinesa não é, portanto, um obstáculo para que o país abrace a sociedade de consumo ocidental. O paradoxo seria, antes, o contrário: é espantoso constatar a velocidade com que a China se ajustou aos moldes do padrão de consumo ocidental. Como compreender os números impressionantes de uma sociedade que poupa 50% da riqueza que produz? A explicação é dupla. É verdade que as unidades familiares poupam bastante, mas não mais do que as famílias indianas, por exemplo. Toda economia em crescimento rápido tende a gerar uma elevada poupança. Quando os rendimentos crescem na ordem de 10% ao ano, é preciso tempo para que os hábitos de consumo se ajustem às novas possibilidades.

O outro fator explicativo relaciona-se às taxas de lucro, que são consideráveis e ultrapassam a capacidade de investimento. Esses altos lucros refletem a debilidade crônica dos salários. É o que precisaremos explicar agora.

O novo exército de reserva

A China experimentou, ao mesmo tempo, uma queda espetacular no número de seus "mais pobres" – definidos com base no critério de um dólar por dia –, mas uma alta também espetacular das desigualdades.[13] A diminuição do número de pobres deveu-se, no entanto, sobretudo às medidas tomadas logo no início do processo para liberalizar a produção agrícola. A industrialização que se seguiu multiplicou por quatro o hiato existente entre os 10% mais ricos e os 10% mais pobres, o nível de remuneração desses últimos permanecendo estagnado. No entanto, os 10% mais pobres da população chinesa correspondem a três quartos de camponeses.

O equilíbrio entre a cidade e o campo se apoia em um sistema particularmente perverso, o de trabalhadores migrantes. No modelo clássico de êxodo rural que prevaleceu anteriormente, sobretudo na Europa, os camponeses deixavam os campos para viver nas cidades, aí instalando-se definitivamente. As primeiras gerações sofriam, mas sua prole acabava por se integrar à civilização urbana. O modelo chinês é concebido de tal maneira que os migrantes são praticamente obrigados a "retornar ao campo" para constituir uma família. Apoia-se em um sistema chamado *houkou*, que estabelece para cada pessoa um local de residência: aquele em que mora a mãe. Essa regra de ferro determina os direitos em matéria de acesso aos bens públicos: as crianças, por exemplo, não podem se beneficiar de escola pública ou de acesso a cuidados médicos fora do *houkou* oficial de seus pais. Torna-se, portanto, quase impossível para um "trabalhador migrante", quer dizer, residente fora da zona que lhe é atribuída, constituir família.[14]

Existem na China, hoje, cerca de 130 milhões de trabalhadores migrantes que representam quase um quarto da mão de obra urbana. Apenas uma criança a cada oito, filha de migrantes, é escolarizada. Vem imediatamente à cabeça uma analogia desses trabalhadores migrantes com o "exército industrial de reserva", aquele que Marx concebia como sendo o proletariado explorado, obrigado a aceitar baixíssimos salários. O *houkou* é uma maneira perversa de manter na semi-ilegalidade os trabalhadores que são como imigrantes em seu próprio país. Esse sistema cria um dualismo da população chinesa que é uma heresia do ponto de vista econômico e uma marca do cinismo no domínio do político.

De um ponto de vista econômico, esse sistema é particularmente ineficaz. O ciclo de vida profissional dos trabalhadores migrantes é mutilado. Ao voltarem para casa para constituir família, não trabalham mais. Trata-se, nesse sentido, de um "peso" para o país comparável, por exemplo, ao que acontece com a França, que não consegue fazer com que pessoas de mais de 55 anos trabalhem. Os filhos dos trabalhadores migrantes devem, em seguida, recomeçar o aprendizado da vida urbana e se inserir duramente nos interstícios da sociedade. A promoção dos camponeses à classe média urbana é bloqueada.

Do ponto de vista político, a vantagem do sistema apareceu na crise de 2008. As primeiras vítimas da diminuição do crescimento, prontamente repatriadas para suas províncias de origem, foram os trabalhadores migrantes, verdadeira classe de trabalhadores itinerantes, sem direitos, e os primeiros a serem dispensados. No calor da crise, o *houkou* pode também ser entendido como um sistema barroco e cruel, custoso do ponto de vista de um crescimento a longo prazo, mas eficaz em períodos de tensões sociais, permitindo enviar para longe do centro as populações ameaçadas.

"A China me preocupa"

Um dos elementos do dinamismo renovado da China é também uma de suas fraquezas: a rivalidade entre suas províncias. David Landes explicava, ironicamente, que se a China tivesse permanecido como um Estado com sete reinos, como antes da formação do Império Han (século III a.C.), teria tido, sem dúvida, um êxito muito maior do que sob o regime imperial, porque teria se beneficiado do mesmo estímulo que as nações europeias. Hoje, os sete reinos estão de volta, de roupa nova. Com efeito, as províncias chinesas se beneficiam de uma nova autonomia. São dirigidas por uma classe de políticos que o sinólogo Jean-Luc Domenach, em seu livro *La Chine m'inquiète*, caracterizou como uma nova plutocracia cujo principal motor é o enriquecimento pessoal. No entanto, à diferença dos Estados corruptos em que as elites dificultam o desenvolvimento econômico, essa corrupção vem sendo um fator de crescimento. As autoridades das províncias disputam investimentos estrangeiros, explorando suas vantagens em matéria de infraestrutura e estimulando, assim, os esforços de investimento global. A rivalidade que incentiva as diferentes regiões chinesas desempenha um papel que se assemelha ao dos Estados-Nações europeus do século XVI.

O equilíbrio complexo que se instala entre o poder central e os poderes regionais é uma das maiores incertezas da dinâmica atual. Um jogo às vezes sutil, outras vezes brutal, se coloca entre essas duas fontes de poder. O centro político instalado em Pequim busca resguardar sua autoridade. Isso toma frequentemente a forma de uma chamada à ordem diante dos desvios dos poderes locais, estando a luta contra a corrupção entre os argumentos favoritos da intervenção do poder central. Essa lembrança do direito abre um caminho estreito por onde passam seus defensores, chamados de "advogados de pés descalços", que fazem lentamente penetrar as ideias de direitos humanos na sociedade chinesa, colocando em risco sua própria liberdade. Mas o poder central também se vale de uma alavanca mais perigosa, que consiste em afagar os bastiões nacionalistas do país. Jean-Luc Domenach comenta muitas vezes a maneira pela qual as autoridades chinesas manipulam o ressentimento antijaponês da população. Acrescenta: as autoridades o fazem "sempre que as coisas não funcionam", quando é preciso encontrar um bode expiatório para um eventual revés. Na China de hoje, como na Europa de ontem, o nacionalismo é uma arma que permite soldar as sociedades em transição. Não é possível resistir aqui à comparação com a Alemanha antes das duas guerras, dividida entre o poder prussiano, reencarnado aqui como o Partido Comunista Chinês, e a burguesia em ascensão, representada na China por milhares de negócios e pela plutocracia.

Os Jogos Olímpicos fizeram parte dessa política que visava bajular o nacionalismo chinês. Os dirigentes conseguiram, no entanto, reiterar os mesmos erros que as autoridades soviéticas cometeram quando da organização dos jogos em Moscou, em 1980. Não se podia deixar que a imprensa ocidental apontasse suas câmeras impunemente para um país sem que isso suscitasse, internamente, uma demanda de expressão política, e o Tibete foi tomado como exemplo no caso chinês. Os Jogos Olímpicos ilustraram um aspecto essencial da questão. A democratização e a reivindicação de uma imprensa livre não decorreram da prosperidade enquanto tal, mas sobretudo de uma abertura para o mundo, o das imagens e das ideias. Esse é o outro teatro, o mais importante, sem dúvida, da mundialização, ao qual as autoridades chinesas têm dificuldade de se adequar.

O despertar indiano

A pergunta que atormentou Needham – saber por que a China não viu nascer um Galileu ou um Newton – não se aplica, nos mesmos termos, no caso da Índia. Apesar dos avanços matemáticos (como a invenção dos números negativos), as proezas indianas nos domínios técnicos não foram tão espetaculares quanto as dos chineses. A agricultura indiana é certamente variada. Conta com arroz, trigo, milho, cana-de-açúcar, óleo, algodão, juta... Essa formidável riqueza agrícola não foi alcançada, no entanto, devido a conhecimentos técnicos particularmente avançados. Os indianos se apoiavam mais em técnicas intensivas de trabalho do que em tecnologias sutis. O esplendor aparente da dinastia mogol (1526-1858) deve muito mais à extraordinária desigualdade que se formou entre os altos e baixos da sociedade do que à prosperidade por si só. Estendendo o paralelismo com a Europa, a Índia encarnou bastante bem o destino da Europa oriental, a leste do Elba, onde o trabalho continuou durante muito tempo submetido a um sistema profundamente desigual.

A independência não modificou, de um dia para o outro, os traços fundamentais dessa sociedade. Nehru pronunciou um dos mais belos discursos sobre a liberdade humana. O problema é que o fez em inglês, a língua do colonizador, falado tão somente por uma minoria de indianos. Essa anedota sublinha a dificuldade em que se encontram os novos países independentes para se libertarem, a um só tempo, dos códigos da colonização e de sua própria herança, impregnados de desigualdades. Dois anos depois da morte de Nehru, ocorrida em 1964, sua filha, Indira, o substituiu. Ela permaneceria no poder de 1966 a 1977. A era Nehru-Gandhi duraria, portanto, quase 30 anos, ao longo dos quais a taxa de crescimento média dos rendimentos por habitante será, exatamente, de 0,7% ao ano. Esses números são melhores do que os obtidos antes da independência, quando geralmente eram negativos. Em 1946, o rendimento *per capita* de um indiano era inferior ao de 1913. Mas o resultado obtido após a independência continua fraco se comparado com os desempenhos do Japão e da Coreia do Sul. A grande pobreza continuaria sem alterações, atingindo 55% da população total.

Ao longo de todo esse período, o crescimento foi constantemente obstruído por um sistema administrativo onipresente que exigia autorização para tudo em quase todos os níveis da cadeia produtiva. Esse sistema ganhou um apelido: *Licence-Raj*. Montado por Nehru praticamente desde a independência, isolou economicamente a Índia do resto do mundo. No entanto, seu fracasso mais espetacular foi no campo da política. A organização burocrática favorecia um sistema no qual a corrupção prosperava. Todo e qualquer pedido de autorização supunha uma propina para o funcionário responsável por ela. Em 2005, a ONG Transparency International ainda classificava a Índia em 88º lugar no ranking das nações em luta contra a corrupção.

Um dos efeitos paradoxais dessa estratégia, no entanto, é visível nos nossos dias. Ao atrasar sua entrada no mundo, a Índia certamente perdeu tempo, mas esse atraso, de algum modo, hoje se mostra positivo. Permitiu, no momento da abertura, dispor de uma "acumulação primitiva" de talentos retidos à força no país. O êxito de suas indústrias de informática ou farmacêutica foi construído sobre os fracassos de uma estratégia que visou desenvolver esses setores isolando-os do resto do mundo. Tarefa impossível à época, pois obrigava os farmacêuticos e os engenheiros a tudo reinventar. No momento da abertura, no entanto, os setores protegidos passaram a dispor de uma formidável reserva de conhecimento.

A atitude dos dirigentes indianos em matéria de abertura comercial mudará radicalmente. Após sua reeleição triunfante em janeiro de 1980, Indira Gandhi, verdadeiramente espicaçada pelas transformações em curso na China, passou a explorar outras vias. As cotas de produção estipuladas para as pequenas e médias empresas foram relaxadas. As restrições à importação de bens e equipamentos foram, de maneira tímida, porém sistemática, sendo derrubadas. Ao longo de seu primeiro ano no poder, as tarifas aduaneiras sobre os bens de capital foram reduzidas à metade.

Insensivelmente, e jamais tendo sido muito favorável ao mercado, Indira Gandhi se tornou mais "*pro business*" (para retomar uma distinção útil proposta por Dani Rodrik). Algumas grandes dinastias industriais emergiram na Índia, na altura da segunda metade do século XIX, tais como os Ambani, os Mittal e os Tata, cujo grupo industrial controla hoje, sozinho, cerca de 3% do PIB indiano. Foi ao fundador da dinastia Tata que se deveu a construção do hotel Taj Mahal, em 1903, erigido para responder ao insulto feito a um dos fundadores do grupo, impedido de entrar no hotel Watson, situado em frente e reservado aos ingleses. Temendo uma intrusão intempestiva do poder político em seus negócios, essas dinastias foram durante muito tempo prudentes no que dizia respeito aos próprios investimentos. As mudanças políticas, contudo, lhes abriram as portas para uma estratégia mais agressiva.

Quando Indira Gandhi foi assassinada por seus guarda-costas *sikhs*, em 1984, seu filho Rajiv Gandhi entrou para a política. Quando ele, por sua vez, foi assassinado, em 1991, a economia ainda vivia um estágio de fragilidade: o déficit na balança de pagamentos, o déficit orçamentário e a inflação ameaçavam constantemente o crescimento econômico. Foi somente com a chegada de uma nova equipe, dirigida por Narasimha Rao e Manmohar Singh, que a ruptura se tornou irreversível.

O jornalista David Smith comparou a dupla Rao e Singh a Deng Xiao-ping, na China.[15] Rao foi um velho membro do Partido do Congresso, o partido dos Gandhi. Manmohar Singh é um economista educado em Cambridge, na Inglaterra, antigo diretor do Banco Central. Em alguns meses eles baixaram as tarifas aduaneiras fazendo-as passar de mais ou menos 100% em média (com picos tão altos quanto 355%) para um novo patamar, entre 25% e 30%, em média. A rupia foi desvalorizada em 22% em relação ao dólar para estimular as exportações. Uma nova política também foi traçada com relação aos investimentos estrangeiros.[16] No dia 24 de julho de 1991, Singh inflamou a Assembleia Nacional ao discursar, citando Victor Hugo, que não existe nada mais poderoso no mundo do que a ideia de que é chegada a hora. A *Statement of Industrial Policy* [Declaração de Política Industrial] foi comparada à NEP, a Nova Política Econômica implementada por Lênin para reativar a economia soviética (aliás, com o mesmo sucesso).

No entanto, apesar de uma retomada do crescimento que apontava para uma reeleição triunfal da equipe no governo, foi um partido de oposição, o BJP (Bharatiya Jana Party, o Partido do Povo Indiano), que ganhou as eleições. O BJP, um partido nacionalista hindu, crítico da liberalização econômica e da mundialização, pôs na mesa as cartas do nacionalismo hindu e provocou tensões com os muçulmanos. Em 1992, no estado do Gujarat, na fronteira paquistanesa, organizou *pogroms* antimuçulmanos que deixaram traços indeléveis nas duas comunidades. Após a vitória parlamentar do BJP, ninguém poderia garantir a permanência das reformas realizadas. No entanto, para surpresa geral, uma vez no governo o BJP deu continuidade à política anterior. E quando, cinco anos mais tarde, o Partido do Congresso, presidido por Sonia, a mulher de origem italiana de Rajiv Gandhi, retomou o poder, Singh, o ministro das Finanças na época de Rao, tornou-se primeiro-ministro. A Índia, cujas taxas de crescimento pularam em seguida para 10% ao ano, parece ter se transformado em Tigre Asiático.

A Índia vulnerável

Apesar das altas taxas de crescimento, o país continuou pobre, minado por suas desigualdades e pelo peso de tradições que dificultavam a ascensão social das classes inferiores. De acordo com a consultora McKinsey, a Índia pode ser dividida em quatro categorias. Uma pequena elite de 1,2 milhão de unidades familiares muito ricas. Abaixo, um conjunto de 40 milhões de unidades familiares de rendimentos intermediários que têm possibilidades de atingir os padrões ocidentais de consumo. Mais abaixo, 110 milhões de lares que apenas conseguem sobreviver com um rendimento anual que varia entre 1.500 e 4 mil dólares por ano, mal deixando para trás a linha da miséria. Ainda mais abaixo, um grupo de miseráveis, que constitui sempre a maioria do país. Quarenta por cento das crianças sofrem de desnutrição. É um número mais alto do que o da África. Como um país que se descreve como a maior democracia do mundo se permite afundar em tanta desigualdade? Retomemos essa pergunta perturbadora acompanhando o estudo profundo que Christophe Jaffrelot lhe consagrou.[17]

A Índia, para começar, respeita a maior parte dos critérios que lhe permitem reivindicar o título de "a maior democracia do mundo". À exceção do estado de urgência decretado por Indira Gandhi entre 1977 e 1979 (ao término do qual ela, aliás, perdeu as eleições), o processo democrático foi sempre escrupulosamente respeitado. As mídias são livres, jamais poupando os governos. A partir dos anos 1980, a alternância tornou-se a regra: o Partido do Congresso, de Nehru, passou o poder para uma coalizão denominada Janata Dal (Partido do Povo), de inspiração socialista. Depois foi a vez de o BJP, partido de direita antimuçulmano, assumir o poder antes de deixá-lo em 2004, passando-o ao Partido do Congresso.

Apesar desses princípios indiscutíveis, a Índia experimentou as maiores dificuldades para passar de uma democracia formal para uma democracia social, visando reduzir realmente as desigualdades. Desde as origens, as castas têm permanecido uma barreira invisível impedindo a mobilidade na sociedade indiana. O próprio Partido do Congresso é, essencialmente, um partido de altas castas, simbolizadas por seu núcleo duro, os brâmanes. Na França, isso seria chamado de partido de notáveis, ainda que se possa ser notável em algumas gerações e não se transformar em brâmane. Bhimrao Ambedkar, ele próprio um intocável, tornou-se um crítico inspirado desse sistema inverossímil, fundado, diria ele, sobre "uma escala ascendente de reverência e uma escala descendente de desprezo", em que cada um despreza aquele que está mais abaixo e almeja subir mais alto, sem jamais questionar a escala inteira.

Esse sistema de castas fixa uma divisão do trabalho que se reproduz ao longo das gerações. Gandhi, que, na realidade, mantinha-se respeitoso ao sistema, via nele "uma sadia divisão do trabalho fundada sobre o nascimento", acrescentando: "Penso que, da mesma maneira que cada um herda certa aparência física (dos pais), cada um herda também de seus genitores certas características e certas qualidades particulares, e admiti-lo permite conservar sua energia."

O Partido do Congresso continuou sendo um "saco de gatos", dominado em nível nacional pelos progressistas, que não consideravam que a casta fosse uma categoria social útil, e pelos notáveis locais, decididos a preservar seus interesses e suas posições. O partido certamente tentou organizar uma "coalizão de extremos", admitindo os líderes dos "intocáveis". Mas sob a pressão vigilante dos notáveis, seu programa se revelou muito mais conservador do que sua retórica nos domínios da reforma agrária ou nos do acesso à educação. Porque falavam de classes e não de castas, os comunistas progressivamente perderam terreno, incapazes de mobilizar as castas desfavorecidas na busca de sua emancipação.

No entanto, ao longo dos anos, a mudança aconteceu. Teve início quando uma discriminação positiva, relacionada mais ao pertencimento às castas do que a critérios socioeconômicos, foi imposta. O dia 20 de dezembro de 1978 foi uma data decisiva. O primeiro-ministro Morarji Desai decidiu nomear uma comissão para analisar a questão das castas desfavorecidas, que eram chamadas de OBC: *other backward castes* [outras castas atrasadas]. A comissão Mandal relatou a favor de uma discriminação positiva, argumentando que "tratar pessoas que sofrem de desigualdade como iguais significa perpetuar a desigualdade". A subida ao poder das castas baixas começa verdadeiramente nessa época. Ascendendo ao poder em 1989, o partido socialista, o Janata Dal, dirigido por V.P. Singh, decidiu, no dia 20 de dezembro, que "o governo tomará todas as medidas necessárias para a operacionalização das recomendações da comissão Mandal".

As duas agremiações dirigidas por castas altas, o Congresso e o BJP, buscaram se adaptar ao relatório Mandal, abrindo as inscrições para as classes desfavorecidas e para os *dalits* (os intocáveis). O BJP chegou a tentar atrair as castas baixas acenando com um discurso antimuçulmano, o que lhe permitiu ganhar as eleições. Mas a fórmula não produziu resultados duradouros e o BJP perderia as eleições seguintes. O poder político começou a mudar de mãos. Até mesmo os intocáveis se libertaram do Partido do Congresso, conduzindo um dos seus, K.R. Narayanan, à Presidência da República.

A explosão de violência anunciada, que Gandhi tanto temia, não aconteceu. É verdade que os brâmanes começaram uma greve de fome após a publicação do relatório Mandal, mas a tensão diminuiu rapidamente. De acordo com Jaffrelot, a paz relativa podia ser conseguida porque, no exato momento em que novas cotas foram atribuídas às castas baixas no setor público, as castas altas voltaram sua atenção para a iniciativa privada, que se tornara extremamente atraente graças ao novo crescimento econômico. Uma nova divisão de tarefas se operou silenciosamente. As elites se voltaram para a economia, deixando o poder político para os estratos inferiores. Assim, o caminho que conduziu a elite ocidental a passar "das paixões políticas ao interesse econômico" está possivelmente sendo trilhado também na Índia. A mistura parece estar funcionando no momento, mas ainda é frágil. A discriminação positiva fundada nas castas é uma coisa boa no curto prazo, mas oferece o risco de encarcerar todos na prisão de seu nascimento.

12. O fim da história e o Ocidente

A tragédia das nações fracas

A entrada da China e da Índia no jogo do capitalismo mundial é indissociável de outro episódio maior: o desaparecimento da União Soviética. À medida que a crise desta se tornava evidente, os países que haviam aderido à ideia de uma "outra via", a do socialismo de Estado, progressivamente mudaram de estratégia. A queda do Muro de Berlim fez com que algumas pessoas pensassem que o mundo havia chegado, enfim, ao "fim da história",[1] para usar uma expressão emprestada de Hegel e retomada por Francis Fukuyama. Segundo essa teoria, todos os povos tenderiam, daí para a frente, a caminhar para um mesmo destino: o da economia de mercado e da democracia representativa. A paz universal sonhada por Kant tornar-se-ia, finalmente, uma possibilidade real.

Alguns anos mais tarde, no entanto, o atentado contra as Torres Gêmeas do World Trade Center, no dia 11 de setembro de 2001, inaugurou o século XXI tão ruidosamente quanto, no dia 9 de novembro de 1989, a queda do Muro de Berlim fechou o século XX. Ao contrário das teses otimistas defendidas por Fukuyama, a ideia de um "choque de civilizações", de Samuel Huntington, apareceu como uma verdadeira premonição.[2] Para este último, o Oriente e o Ocidente jamais convergirão. As grandes civilizações orientais tenderão, antes, a reconstituir sua potência perdida do que a construir um mundo democrático e pacificado. A conclusão de "política realista" que Huntington deduziu dessa tese é a de deixar que cada um cultive seu próprio jardim, se se deseja evitar uma nova guerra mundial.

A quem escolher: Fukuyama ou Huntington? As civilizações convergem para um modelo único, o da "democracia de mercado", ou cada uma busca uma trajetória particular? É tentador responder: nem um, nem outro. Ao observar que os países emergentes seguem hoje a via que foi a da Europa ao longo dos cinco últimos séculos, uma terceira hipótese vem à mente: a de um retorno aos riscos que a Europa tem enfrentado, sendo que sua solução pacífica não estaria nas possibilidades oferecidas atualmente. Outra hipótese é a repetição da mesma sequência de guerras e de desmembramentos...[3]

A marcha da democracia

Comecemos pelas ideias de Fukuyama. Os massacres da Iugoslávia, de Ruanda, os *pogroms* antimuçulmanos que castigaram a Índia no Gujara rapidamente esfriaram as esperanças de paz universal, antecipadas pela febre da queda do muro. Como afirmou Arjun Appadurai, essa violência manifestava

> um excedente de furor, um excesso de ódio que suscita formas inesperadas de degradação e de violação, tanto do corpo quanto do ser mesmo da vítima: corpos torturados e mutilados, pessoas queimadas e violadas, mulheres evisceradas, crianças amputadas a golpes de facão, humilhações sexuais de toda natureza.[4]

No livro *Le monde en feu*, que fez grande sucesso nos Estados Unidos, a jurista de origem sino-filipina Amy Chua deu um testemunho pessoal doloroso, o da morte de sua tia Leona, assassinada em 1994 por seu motorista filipino.[5] O motivo escolhido pela polícia para caracterizar o assassinato foi "vingança". A família de Amy Chua pertence à minoria próspera de emigrantes chineses. Nas Filipinas, trata-se de 3% da população e de 60% da riqueza. Na Indonésia as cifras são mais ou menos equivalentes. Como nas Filipinas, os chineses de lá dominam o comércio e a indústria. Em 1998, em Jacarta, multidões exaltadas incendiaram e pilharam centenas de casas e de lojas de chineses, provocando mais de 2 mil mortes. "Uma das sobreviventes [uma jovem chinesa de 14 anos] suicidou-se ingerindo veneno para ratos. Ela foi vítima de violação coletiva e de mutilação, sob os olhos de seus pais."

O propósito do livro de Amy Chua decorreu dessa experiência traumatizante. Em qualquer lugar onde existam minorias economicamente dominantes, explica ela, a mistura de economia de mercado com democracia forma um coquetel explosivo. "A disputa eleitoral aponta a minoria desprezada como objeto de ódio aos olhos daqueles aos quais *a nação pertence verdadeiramente*."

Amy Chua sublinha o problema das minorias ricas. Mas esse problema é exatamente o mesmo quando as minorias são pobres. Como resume perfeitamente Arjun Appadurai, quando são acusadas pela justiça popular, as minorias são sempre culpadas: "Quando elas são ricas, invocam o espectro da mundialização das elites. Quando elas são pobres, são os símbolos cômodos do fracasso do país." As minorias pobres sofrem duas vezes. A exclusão cultural se duplica com a exclusão econômica. No México, por exemplo, 81% das populações autóctones têm rendimentos inferiores ao limiar de pobreza, contra 18% da população em geral. No Nepal, a taxa de mortalidade de crianças com menos de cinco anos nas castas baixas ultrapassa os 17%, enquanto não passa de 7% para os Newar e os brâmanes. Trinta por cento das crianças ciganas na Sérvia e Montenegro nunca frequentaram a escola primária. Esses exemplos podem ser multiplicados, mostrando como o círculo vicioso da estigmatização e da exclusão econômica se inicia.

Segundo um relatório publicado pelo Programa das Nações Unidas para o Desenvolvimento (Pnud), intitulado "A liberdade cultural em um mundo diversificado", quase 1 bilhão de indivíduos pertencem a grupos que são, de uma forma ou de outra, vítimas de exclusão étnica, religiosa ou, mais genericamente, "cultural". Mais de 150 países possuem grupos minoritários representando pelo menos 10% da população; para 100 países, essas minorias formam mais de 25% da população. O relatório lançou um apelo apaixonado à defesa da liberdade cultural: "Os indivíduos desejam ser livres para pertencer à sociedade sem precisar afastar-se dos laços culturais que escolheram, sem medo do ridículo, da punição ou da diminuição de suas oportunidades."

Essa aspiração ao reconhecimento de seus direitos foi, infelizmente, um dos elementos que desencadearam os dramas que apareceram nos anos 1990. Como diz também Arjun Appadurai, a promessa da democracia que se seguiu à queda do Muro de Berlim incitou as minorias exploradas a exigir uma proteção de seus direitos culturais no momento mesmo em que o crescimento da economia de mercado empurrava para uma solidão inédita os novos estratos abalroados pelos grandes fluxos do comércio mundial. Para ele, foi esse perigoso coquetel que explodiu nos anos 1990. Para o outro lado da sociedade, o raciocínio volta a ser o de Amy Chua. O casamento entre a democracia e a economia de mercado não é sempre brilhante. Para ter êxito, é necessário, previamente, que os noivos se entendam, se afinem... É o que podemos chamar de o problema de se formar uma "nação".

A nação

Como diz Hannah Arendt, resumindo sua extensa pesquisa *As origens do totalitarismo*,[6] a nação é o calcanhar de aquiles das sociedades modernas. Idealmente, designa uma comunidade política que abole as diferenças entre seus membros, conferindo-lhes direitos e deveres iguais.[7] Mas quando o Estado está em crise, ou simplesmente em dificuldades, a nação se reduz à ficção de sua pureza étnica. E todos os dramas se tornam possíveis. Como mostra também o historiador britânico Ian Kershaw,[8] o nazismo se nutriu, dessa maneira,

> da visão milenarista e pseudorreligiosa de "renovação nacional" encarnada na ideia de "comunidade nacional" (*Volksgemeinschaft*), estimulando a ultrapassagem das segmentações políticas, religiosas e de classes pela criação de uma nova entidade étnica fundada sobre os "verdadeiros" valores alemães.[9]

Hannah Arendt e Ian Kershaw buscaram compreender as origens do nazismo, mas o objeto de suas pesquisas é universal. René Girard descreveu perfeitamente a maneira pela qual uma sociedade que não consegue mais se compreender tem a necessidade de recorrer à violência contra as minorias "indesejáveis", o que permite à maioria saber quem é ao eliminar, por exclusão, quem não é. Como Girard demonstra na metáfora do bode expiatório, não são as minorias que iniciam a violência. É exatamente o contrário: é a violência que as fabrica.

Nas regiões mais pobres do mundo, sobretudo na África, muitos países simplesmente ainda não chegaram ao ponto em que o monopólio da violência é reconhecido pelo Estado. Como diz o economista Paul Collier, a referência que permite compreender o destino desses países é aquela do século XIV europeu, quando a peste (com as feições modernas da Aids), a guerra e a fome eram elementos corriqueiros da vida cotidiana.[10] Nos países destruídos pelas guerras civis, um fenômeno que Collier caracteriza como "desenvolvimento ao contrário", a construção do Estado moderno, impondo um recuo às feudalidades e pacificando seu espaço interior, ainda não começou. Falta o longo trabalho de erradicação da violência conduzido na Europa por vários séculos.

A trajetória divergente dos Estados nascidos logo depois da colonização europeia esclarece, igualmente, essa questão essencial. Que diferença existe entre o México e os Estados Unidos, e entre a África do Sul e a Nova Zelândia? Por que os primeiros são pobres e chegaram tarde à democracia, e os segundos são prósperos e democráticos? Em resposta a essas perguntas, Daron Acemoglu e seus coautores propuseram uma teoria espantosa que não refutaria René Girard.[11] De acordo com sua análise, tudo é muito simples: nas regiões em que os europeus exterminaram os "índios" os países hoje são ricos. E nas regiões em que, ao contrário, os colonizadores permaneceram minoritários os países hoje são pobres! Acemoglu e seus coautores mostram também que existe um laço estatístico muito significativo entre a morbidez dos colonos e a riqueza atual. Como compreender esse resultado impressionante?

Seu argumento não tem nada a ver com qualquer ideia de superioridade dos europeus sobre as populações locais. Outro mecanismo está em operação. Onde os europeus continuaram minoria, eles não tentaram construir um Estado moderno, responsável pela segurança das pessoas e dos bens. O que lhes interessava era explorar as populações locais, desprezando, precisamente, esses direitos. Ao contrário, quando os brancos ficaram "entre iguais", importaram imediatamente as instituições de seu país de origem, a Inglaterra, acelerando a formação de um Estado moderno.

Essas observações testemunham um fenômeno subjacente profundo. O crescimento econômico moderno precisa se apoiar sobre a estrutura moderna dos Estados-Nações. Para produzir riquezas é necessário, mais ou menos em partes iguais, capital (máquinas), capital humano (educação, saúde pública) e instituições eficazes (mercados organizados, justiça imparcial...). Mas dois entre esses três requisitos (o capital humano e as instituições) são produzidos pelo Estado. Constituem aquilo que os economistas chamam de infraestrutura social da nação. Elas dependem do fato de que o Estado seja um garantidor do "bem público", sem o qual o êxito individual é impossível. O êxito japonês, copiado por todos na Ásia, deveu-se precisamente à capacidade do país de se aparelhar com bens públicos fundamentais, como escola, saúde pública, justiça, território. São esses os fatores que estão tragicamente ausentes nos países da periferia da mundialização, aqueles que Paul Collier chama de "o bilhão de baixo". Trata-se de um grupo que ainda está preso na armadilha demográfica e cuja população atingirá 2 bilhões de pessoas em 2050...

Paul Collier fala de uma armadilha da pobreza para caracterizar a situação dos países mais pobres. Um Estado fraco impede o desenvolvimento econômico e, em troca, a pobreza freia a emergência de um Estado forte. Essa armadilha político-econômica é um exemplo que ilustra uma regra mais geral. Economia e política estão ligadas entre si, porém, mais por necessidade do que por verdadeira harmonia. Uma economia em declínio assina fatalmente a decadência do regime político que ela sustenta, assim como um Estado politicamente fraco impede o desenvolvimento econômico. E ainda, no sentido inverso, uma economia em crescimento ajuda o Estado a realizar seus projetos, quer se trate de projetos de cunho expansionista ou de cunho social, e um Estado forte, desde que não seja ameaçador demais, torna-se um fator de crescimento.

Nada, contudo, está engessado de maneira imutável. O fenômeno mais marcante do século XXI, a conversão da Índia e da China ao capitalismo-mundo, se produz sem qualquer ruptura institucional notável. Algumas reformas foram suficientes para orientar o dinamismo, durante muito tempo sufocado, dessas duas sociedades na direção de um crescimento rápido (até a crise dos *subprimes* colocá-lo em xeque).[12] Mas ninguém podia garantir que essa conversão seria durável. A prudência se impunha em relação ao prazo dessas transformações. Como diz muito bem Albert Hirschman, mais do que se convencer de que o desenvolvimento econômico leva, inelutavelmente, ao desenvolvimento político, importa é reconhecer que "a incidência política do desenvolvimento econômico é essencialmente ambivalente e que sua ação se exerce simultaneamente nos dois sentidos", sacudida por fases de expansão e de contração.

A crítica do Ocidente

Retomemos agora as teses de Huntington. Para ele, as velhas civilizações do mundo jamais convergirão. Cada uma preservará a própria essência. Sob o véu de uma sociedade de consumo dividida estão sistemas de valores antagônicos que ameaçam confrontar-se. Entre as numerosas críticas a que essa teoria foi submetida, uma das mais convincentes foi formulada por aqueles que sublinharam o quanto a rejeição pelo Oriente dos valores ocidentais não tinha, na verdade, nada de original, tendo já muitas vezes sido formulada anteriormente... no próprio Ocidente. Como demonstram brilhantemente Ian Buruma e Avishai Margalit no livro *Ocidentalismo*, essa crítica, com toda a certeza, atravessou todo o século XIX e a primeira metade do século XX europeu.[13] Quase desde as origens, a visão da história humana proposta pelo Iluminismo foi criticada pelo Romantismo alemão. Enquanto os iluministas tinham uma visão otimista da história da humanidade, encarada como uma progressão linear em direção a um mundo melhor e mais racional, os românticos propunham outra abordagem, guiada por uma nova sequência: a "da inocência, da derrota e da redenção". Desde o século XIX o declínio do Ocidente tornou-se um tema importante na literatura ocidental.

A crítica romântica do mundo moderno visa à pretensão da ciência de governar os povos, apesar de esta ser incapaz de compreender o sofrimento da alma humana. A ciência foi denunciada como um pensamento sem sabedoria. Ela criou um mundo desumanizante e desencantado pelo desaparecimento da religião, relegada à condição de superstição. Turgueniev caricaturou seu herói Bazarov, em *Pais e filhos*, como um adepto fanático do cientificismo, um utilitarista convicto. Flaubert fez a mesma coisa com o farmacêutico Homais.

Outra vertente de críticas contra o mundo moderno se fez ouvir também através de Marx, quando ele acusa a burguesia de ter "afogado o heroísmo nas águas glaciais dos cálculos egoístas". O que Sombart, Oswald Spengler, Jünger e outros intelectuais alemães do início do século XX vão desprezar intensamente é a frouxidão burguesa, que consistia em se apegar à vida, em não desejar morrer por ideias. Sombart utilizou o termo *konfortismus* para descrever a mentalidade burguesa. Heidegger saiu em combate contra o *amerikanismus*, que, em sua opinião, esvaziava a alma europeia. A imagem do burguês pacífico transforma-se na de um covarde, no antípoda do herói pronto a sacrificar a própria vida. O Ocidente é medíocre porque dá a cada um a possibilidade de ser medíocre, conforme diz o escrivão nacionalista alemão Arthur Moeller van der Bruch. O Ocidente é uma ameaça porque diminui o valor de toda utopia.

No caso alemão, o ressentimento em relação à França também incomodava. Segundo Isaiah Berlin, o movimento romântico foi, em parte, uma reação antifrancesa. A sensibilidade nacional tinha sido ferida pela convicção de que a nação havia sido horrivelmente humilhada pelos exércitos napoleônicos. O entusiasmo de Frederico, o Grande, no século XVIII, pela cultura francesa, sua mania de querer importar tudo da França, apenas agravou o ressentimento alemão.

O caso de Frederico II não é isolado. Frequentemente os reformistas querem importar o modelo ocidental, antes de descobrir que o povo não o deseja. Pedro, o Grande, exigiu que a nobreza feudal, os boiardos, raspasse o rosto. Em seguida impôs aos padres que fizessem sermões sobre as virtudes da razão. Kemal Atatürk, que chegou ao poder em 1923, quis adotar as tecnologias e os códigos (de vestimenta e de corte de cabelos) do Ocidente. Proibiu o véu, como faria também o xá do Irã. O xá Reza (pai daquele que foi deposto por Khomeini) fazia o exército patrulhar as cidades, obrigando as mulheres a retirar o véu, às vezes sob a ameaça de armas, e constrangendo os dignitários religiosos a retirar os turbantes.[14]

A renovação do Islã político pode ser interpretada como a consequência dessa modernização forçada, conduzida por regimes totalitários. O movimento revolucionário islamita jamais teria visto a luz do dia sem o secularismo brutal do xá Reza Pahlevi ou as fracassadas experiências de socialismo de Estado no Egito, na Síria e na Argélia. Conforme explicaria Albert Memmi em um livro premonitório escrito em 1957, que antecipa perfeitamente essa evolução, as ditaduras do Oriente Próximo não deixaram ao povo nada mais do que a religião como lugar de contestação, espaço rapidamente ocupado.[15]

O islamismo político é a expressão de uma recusa que não aponta para um "choque de civilizações". Todas as civilizações, o Ocidente à frente, já alimentaram, e continuam a alimentar, uma oposição à modernização. No Japão, sob a era Meiji, em fins do século XIX, os samurais trocaram seus quimonos por ternos escuros e cartolas. Tomaram para si o dever de destruir os templos budistas e de transformar seu país em nome do Progresso, da Ciência e das Luzes. Enquanto isso, os camponeses japoneses viviam nas aldeias em condições de miséria dignas de Dickens, ou então, de acordo com Buruma e Margalit, "precisavam, às vezes, vender suas irmãs aos bordéis das grandes cidades". No Japão, como na Alemanha, um mesmo ressentimento contra a intrusão do mundo moderno nutriu a ascensão dos extremos e foi o alimento da Segunda Guerra Mundial.

O eterno retorno da violência

A história europeia e a japonesa mostram que não é suficiente esperar que "as coisas passem", como um ranger de dentes ou uma crise de adolescência, para que a transição do mundo rural ao mundo industrial se faça no conforto aconchegante da democracia e da economia de mercado. Muito frequentemente, a própria violência, quando atinge seu paroxismo, é o vetor dessa transição.

Na Europa, a violência começou a diminuir depois dos assassínios das guerras religiosas dos séculos XVI e XVII. Foi após as atrocidades cometidas durante a Guerra dos 30 Anos, que terminou em 1648, que o Estado passou a adquirir o monopólio da violência legítima. Mas esse primeiro momento foi apenas uma etapa. O caso europeu mostra os caminhos sinuosos que a violência pode tomar. Quando ela parece diminuir em uma frente é porque se deslocou para outra. Ao longo de todo o século XIX, à medida que eram combatidos os ataques às pessoas ou aos bens a violência migrava para o espaço privado, o da violência conjugal. Quando os homens tornavam-se menos agressivos entre si pareciam atacar mais frequentemente as mulheres e as crianças. Os abusos sexuais contra menores não paravam de aumentar, no sentido exatamente inverso ao da criminalidade em geral. Desde então excluída dos espaços públicos, a violência se desloca para os lares. E os tribunais franceses permaneceram por muito tempo compreensivos com aqueles que matavam por "amor, ciúmes ou em arruaças". Seria necessário esperar pelos anos 1880 para que as denúncias crescentes de violação de meninas, de incesto e de sevícias a menores fossem, enfim, notadas.

A única violência legítima à disposição da sociedade passou a ser, nesse sentido, a das guerras. "Paradoxo impressionante", conclui então Muchembled, "no início do século XX, a violência se tornou inaceitável para aqueles que se acreditavam civilizados, enquanto se preparavam as terríveis carnificinas humanas de 1914 a 1918. Será possível que essas guerras traduziam o formidável retorno de uma fúria reprimida?"[16]

De acordo com Muchembled, existe ainda uma terceira zona em que a violência pode encontrar um nicho entre a violência privada e a violência pública: a do imaginário. Enquanto a delinquência, notadamente urbana, se reduzia, as mais importantes metrópoles europeias eram atormentadas pelo medo das "classes perigosas". À medida que a violência decrescia, provocava cada vez mais medo. A leitura dos "romances góticos" tornou-se a maneira de exorcizar as angústias. Desde a metade do século

XVIII, assassinos e ladrões passaram a formar "um exército de sombras selvagens" que povoava os pesadelos e as leituras de um novo público citadino. Sangue faz vender tinta e papel. Os heróis que encarnavam o mal e a morte chamavam-se Tenebras ou Zigomar. Eram perseguidos por Sherlock Holmes e por outros, como Rouletabille. Fantomas, o "gênio do mal", começa a carreira em 1911. No conjunto da série, que continuou até 1963, com *Fantômas mène le bal*, Fantomas não fez mais do que provocar agressões e ferimentos descritos em detalhes, fazer abduções e sequestros e cometer homicídios por razões infames, por vingança ou orgulho. No total, contabilizaram-se 552 delitos.

São esses diferentes níveis de violência que ainda estão operando hoje, simultaneamente, no mundo. As violências contra os tutsis, os bósnios, os muçulmanos do Gujarat traduzem as patologias de nações inquietas que lançam mão de mecanismos descritos por René Girard: é preciso matar o outro para que o eu exista e, o que é o cúmulo, para existir como membro de uma comunidade à imagem da violência produzida durante as guerras de religião europeias.

A esses riscos de recrudescimento dos crimes de ódio é preciso adicionar aqueles que nascem dos riscos mais ordinários da violência legítima, aquela entre os próprios Estados. A lista de pontos quentes do globo onde o fenômeno aparece claramente é bem conhecida: na fronteira entre a Índia e o Paquistão, no mar interior que separa a China do Japão, entre a Rússia e a Geórgia e seus outros vizinhos... Nos quatro cantos do globo sobrevivem ainda conflitos entre uma nação agressiva, muitas vezes um velho império, e seus vizinhos, cuja independência espicaça o velho mestre, uma vez que esta também ameaça seu equilíbrio interior.

A terceira etapa da violência é a do imaginário, que, hoje, é a violência pós-moderna: aquela que se aloja no campo do virtual, nos filmes de terror ou nos videogames, encontrados por toda parte, mas principalmente nos países ricos. É a violência do século XXI. O atentado contra as Torres Gêmeas foi, nesse sentido, um exemplo perfeito. Filmado por câmeras do mundo inteiro, atacou o imaginário coletivo bem mais do que a potência material dos Estados Unidos. Os Tenebras e os Zigomar mudaram de nome e de endereço, mas o efeito que se buscava é o mesmo.

13. A crise ecológica

O planeta congestionado

A industrialização do mundo veio atrapalhar as regras que prevaleciam quando apenas os países ocidentais e o Japão faziam parte do jogo. Uma ameaça nova veio planar sobre as nações: aquela que pesa sobre o próprio planeta, o último bem comum, que aos poucos os homens descobrem que está ameaçado. É para esse terreno que os riscos de suicídio coletivo serão, doravante, deslocados.

Os países emergentes tomaram emprestados os caminhos que anteriormente foram trilhados pelo Ocidente, pois eles também pretendem lucrar com as promessas de crescimento econômico moderno. Esse processo de convergência está em curso notadamente na Ásia. Extrapolando as tendências atuais, os países emergentes poderiam projetar para 2050 um nível de desenvolvimento médio de 40 mil dólares *per capita*, ou seja, um nível similar ao dos Estados Unidos em 2005. Tal crescimento permitiria que multiplicassem por quatro seus rendimentos por habitante. Supondo que o rendimento dos países ricos continue a crescer no ritmo atual, os países pobres passariam, de uma faixa média de 1 a 5, para uma faixa de 1 a 2,5. Levando-se em consideração a alta da população mundial, que possivelmente aumentará de 6 bilhões para 9 bilhões de habitantes, a riqueza saída das entranhas do planeta deveria ser, então, multiplicada por um fator seis, passando de 70 trilhões de dólares em 2005 para 420 trilhões em 2050. Esse é também o aumento do empréstimo ecológico que a humanidade vai infligir ao planeta.[1]

Nada poderia preparar a Terra para tamanho transtorno. Até o século XVIII, a humanidade dependeu do Sol e, mais modestamente, da água e do vento como fontes de energia. Tudo mudou em seguida. Paul Crutzen, prêmio Nobel de Química, resumiu a evolução em andamento como a emergência da "antropocena": a passagem de um mundo dominado pela natureza para um mundo dominado pelo homem. Uma cifra resume o significado desse termo. No momento em que a agricultura se desenvolveu, os seres humanos, seus rebanhos e os outros animais domésticos representavam menos de 0,1% do total de vertebrados. Hoje, representam 98%.

A mundialização marcou uma nova ruptura na escala de problemas criados pelo homem. A própria circunstância do crescimento chinês perturba o equilíbrio entre a oferta e a demanda de recursos naturais. Para as cinco matérias-primas de base, que são os cereais, a carne, o petróleo, o carvão e o aço, a China está quatro vezes na frente do consumo mundial. A única exceção, provisoriamente, é o petróleo, item em que continua atrás dos Estados Unidos. A China, em 2005, consumia 380 milhões de toneladas de cereais contra 260 consumidos pelos Estados Unidos. Ela ultrapassou os Estados Unidos no consumo do trigo e do arroz, só ficando atrás do milho. O consumo chinês de aço é quase duas vezes superior ao norte-americano (258 milhões de toneladas contra 104). No domínio dos bens de consumo moderno, a China está em primeiro lugar no que concerne também a celulares, aparelhos de televisão e refrigeradores. Os Estados Unidos continuam líderes no segmento de automóveis e computadores, mas não por muito tempo.

Se a China se baseasse nos hábitos de consumo norte-americanos, poderia consumir, a partir de 2030, dois terços do nível de produção mundial de cereais disponíveis hoje. Se o consumo de papel no país se equiparasse ao dos Estados Unidos, consumiria 305 milhões de toneladas, quantidade suficiente para engolir todas as florestas do planeta! É como resume Lester Brown: "O modelo econômico ocidental é inaplicável a uma população de 1,45 bilhão de chineses (em 2030)." E menos ainda, evidentemente, à Índia, cuja população será nessa data superior à da China.[2]

Se os chineses, um dia, chegarem a possuir, a exemplo dos norte-americanos, três automóveis para cada quatro habitantes, as infraestruturas necessárias em termos de redes rodoviárias ou de estacionamentos ultrapassariam a superfície hoje reservada à cultura do arroz.[3] Com isso, a China poderia consumir cerca de 99 milhões de barris de petróleo por dia. Mas a produção diária mundial é hoje de 84 milhões de barris por dia, e não tardará a se reduzir. Apesar de as reservas comprovadas de petróleo terem duplicado entre 1980 e 2000, elas tenderão a baixar depois, dado que as descobertas de novos campos daqui em diante serão inferiores à produção anual.[4] Entre os 23 países produtores, 15 já atingiram seu "pico de produção", o que significa que sua produção anual já começou a declinar.

O aquecimento climático

Trata-se da mais célebre e da mais inquietante manifestação dos efeitos da industrialização do mundo sobre o destino do planeta. Onze dos 12 anos mais quentes já registrados ocorreram entre 1995 e 2006. Esse aquecimento se traduz por uma alta significativa de episódios de seca, furacões violentos, como o Katrina, que destruiu Nova Orleans, ou canículas, como a de 2003, que provocou a morte de 38 mil pessoas na Europa. A lista de consequências do aquecimento é longa: a alta do nível do mar, a destruição de espécies, como os ursos polares, a transmissão de doenças a certas regiões, como os planaltos africanos, que eram protegidos por um clima temperado, o aumento da desertificação, a rarefação das águas disponíveis combinada com a ameaça de forte aceleração do degelo das calotas polares e de novos dilúvios... Todos esses transtornos decorrem do aquecimento climático, ligado à emissão de gases do efeito estufa.

Os gases do efeito estufa (CO_2, vapor de água, metano) têm a seguinte espantosa propriedade: deixam passar os raios ultravioleta (de comprimento de onda menor) emitidos pelo Sol e, ao atravessarem a atmosfera, esquentam a Terra.[5] Mas bloqueiam os raios infravermelhos (de comprimento de onda longos), que são emitidos pela Terra. Permitem, portanto, a entrada da radiação solar, mas aprisionam o calor dela resultante como em uma estufa.

A combustão dos combustíveis fósseis e o desmatamento fizeram crescer a concentração de CO_2 na atmosfera de 280ppm (partes por milhão) no início da era industrial para 388ppm, hoje. Após 1850, a temperatura aumentou, em média, 0,8° centígrados. Mesmo que hoje a emissão de CO_2 fosse interrompida totalmente, a temperatura continuaria a aumentar 0,5°, porque o aquecimento dos oceanos se processa mais lentamente.

As implicações do aquecimento climático foram estudadas detalhadamente no relatório Stern, escrito por encomenda do governo britânico pelos peritos do Grupo Intergovernamental de Estudos da Evolução do Clima (Giec).[6] De acordo com esse relatório, se nos limitarmos a extrapolar as tendências passadas, a concentração de CO_2 poderia subir de 388ppm para 560ppm até o fim do século XXI. Essa duplicação do CO_2 é considerada o limite extremo do risco aceitável. Para além desse limiar, todas as calamidades são possíveis. Contudo, a evolução provável pode ser muito mais rápida do que a que resulta dessa simples extrapolação. O ingresso da China e da Índia no mundo industrial trouxe consigo a ameaça de que esse limite crítico de 560ppm seja atingido não ao fim do século XXI, mas por volta de 2050. Além disso, um número complexo de fatores será somado às novas emissões de CO_2. Quando os glaciares das tundras derreterem, é possível que novas quantidades de CO_2 sejam liberadas. O aquecimento dos oceanos também poderá liberar tanto CO_2 quanto metano, atualmente presos nos mares. O recuo dos glaciares também reduz a reflexão dos raios solares, contribuindo diretamente para o aquecimento.

Outros flagelos

O desaparecimento de espécies é outro aspecto da antropocena. Ecologistas nos alertam contra aquilo que está sendo chamado de a sexta grande extinção das espécies. Os cinco primeiros episódios foram atribuídos às imensas rupturas induzidas pelas variações da órbita planetária, por irrupções vulcânicas, ou, mais recentemente ainda, pela queda de asteroides. Cerca de um quarto das espécies de pássaros desapareceu do planeta ao longo dos dois últimos milênios. Apenas para dar um exemplo, dois terços das principais fontes de pesca já estão "totalmente explorados, superexplorados ou em vias de desaparecimento".

A água é o outro grande problema do século XXI.[7] A ecologia das primeiras sociedade agrícolas foi frequentemente relacionada a um rio, como o Nilo, o Tigre, o Eufrates, o Ganges ou o Yang-tzé. A proximidade dos rios permite a irrigação dos solos e o aproveitamento das árvores para aquecimento e habitação. Contudo, um número expressivo desses grandes rios não desemboca mais no mar ou tem sua vazão reduzida dramaticamente durante o verão. O Nilo ou o Ganges ficam reduzidos a filetes de água durante as estações de seca. A vazão do Nilo é praticamente nula quando o rio atinge o Mediterrâneo. Se o Sudão e a Etiópia decidirem aumentar seu consumo de água, um conflito com o Egito será inevitável. O mesmo problema ocorre no caso do Tigre e do Eufrates: as grandes barragens construídas na Turquia e no Iraque reduziram a vazão do antigo "crescente fértil", contribuindo para a destruição de 90% da zona úmida outrora muito vasta, que constituía a riqueza da região do delta dos dois rios.

A água é reprodutível graças a seu ciclo natural (evaporação e condensação), ou então pode provir de lençóis freáticos escondidos no subsolo. Esses recursos fósseis se esgotam rapidamente. A absoluta maioria dos 3 bilhões de pessoas que nascerão de hoje a 2050 vai morar em países onde os recursos freáticos estarão superexplorados. As aldeias do noroeste da Índia já foram abandonadas. Milhares de aldeões do norte e do oeste da China, bem como de certas regiões do México, estão sendo empurrados para o exílio por falta de água. Na China, de acordo com Lester Brown, "as fontes de água situadas na planície do norte, que produz mais da metade do trigo e um terço do milho do país, estão se esgotando muito mais rapidamente do que o previsto". As baixas colheitas de trigo e de arroz chineses estarão diretamente ligadas a uma penúria crescente.

Na Índia os lençóis freáticos também desaparecem rapidamente. No norte do Gujarat, essa perda chega a 20 metros de água por ano. De acordo com Lester Brown: "Quando a bomba explodir, uma anarquia inexprimível se abaterá sobre a Índia rural." A Índia deverá trilhar o caminho chinês: a produção de trigo e de arroz muito em breve diminuirá, dado que as terras irrigadas são responsáveis por três quintos da produção na Índia e quatro quintos na China.

Um grande número de cidades, localizadas nos lugares mais populosos do mundo, está situado sobre bacias hidrográficas onde toda a água disponível já está sobreutilizada. Lugares como a Cidade do México, o Cairo e Pequim não podem aumentar seu consumo sem extrair água de outras bacias, ou de recursos destinados à irrigação. Em seguida à China e à Índia, um segundo grupo de países deve ter que enfrentar déficits de água importantes: a Argélia, o Egito, o Irã, o México e o Paquistão.

É nesse contexto que a agricultura deverá enfrentar uma enorme demanda adicional. Aquela ligada aos 70 milhões de pessoas que fazem crescer anualmente a população mundial e aos quase 5 bilhões de pessoas que desejam consumir mais produtos de origem animal. Do lado dos produtores, os agricultores deverão enfrentar uma redução das águas de irrigação, o aquecimento do planeta e o aumento do preço dos combustíveis. Entre 1950 e 1990, os rendimentos das vendas de cereais cresceram 2,1% ao ano. Depois disso, baixaram 1,2% ao ano. A Argélia, o Egito e o México já importam o essencial de seus cereais. A crise alimentar observada em 2007, provisoriamente abafada pela crise mundial dos *subprimes*, dá uma amostra dos imensos desafios que deverão ser enfrentados nesse domínio.

Fazer o quê?

Como proceder? Que ações devem ser tomadas? Quem deve comandá-las? O diagnóstico já foi feito em diversos levantamentos. O problema reside, hoje, em executá-lo. Há mais de uma década a maior parte dos países aderiu a uma Convenção-Quadro das Nações Unidas sobre Mudanças Climáticas, com vistas a "começar a considerar o que poderia ser feito para reduzir o aquecimento global". Uma convenção sobre a diversidade biológica foi igualmente assinada para enfrentar as ameaças que pesam sobre o planeta. Uma convenção sobre a luta contra a desertificação foi instituída, para ajudar as regiões ameaçadas, como Darfur e Sudão. Em 1944, a Conferência do Cairo sobre a População e o Desenvolvimento estabeleceu um plano de ação destinado a reduzir a mortalidade infantil e a controlar a evolução demográfica.

O plano conclama a uma política voluntária em matéria de educação e de saúde, incluindo o planejamento familiar e medidas destinadas a prevenir as doenças sexualmente transmissíveis, como a Aids.

A chamada "Declaração do Milênio" visa reduzir à metade, antes de 2015, a pobreza, a fome e o analfabetismo e a melhorar a "sustentabilidade ambiental". Esses objetivos foram ratificados na Conferência de Monterrey, em 2002, ao longo da qual foi firmado o compromisso de duplicar o auxílio público ao desenvolvimento. Apesar dessas convenções, declarações de intenção, diagnósticos precisos dos problemas e dos meios de superá-lo, o mundo está espetacularmente atrasado na execução dessas diretrizes.

A abordagem do problema da camada de ozônio demonstra, no entanto, a velocidade com a qual uma opinião pode evoluir sobre um tema considerado delicado. Um estudo científico mostrou o efeito sobre a camada de ozônio de gases emitidos pelos clorofluorcarbonetos (CFC) em suas origens. Eles são utilizados em refrigerantes e como agentes propulsores nos aerossóis. O presidente de um dos líderes do setor, a empresa DuPont, respondeu imediatamente que se tratava de idiotices. Mas pouco depois um satélite da Nasa suscitou uma reação unânime da opinião pública ao mostrar imagens de um buraco em crescimento na altura da Antártica. Uma convenção se realizou nesse mesmo ano e um protocolo foi rapidamente assinado em Montreal. A DuPont percebeu que havia alternativas disponíveis e mudou radicalmente de ponto de vista. Em 1990, algumas emendas foram feitas ao protocolo de Montreal. Sob a influência da DuPont, elas foram mais rigorosas do que as inicialmente previstas!

Para além desse exemplo encorajador, no entanto, o hiato entre as intenções e as realizações continua abissal. A Convenção-Quadro das Nações Unidas sobre as Mudanças Climáticas foi adotada em 1992 (por Bush pai e ratificada logo em seguida pelo Senado norte-americano). O protocolo de Kyoto, adotado em 1997 para o período que vai até 2012, previa que os países ricos reduzissem em 8% a emissão de seus gases de efeito estufa. O Congresso norte-americano se recusou a endossar o protocolo, apesar da assinatura do presidente Clinton. Em seguida, foi totalmente abandonado pela administração Bush filho. A administração

Obama parece decidida a fortalecer o engajamento norte-americano nesse terreno. Mas uma década se perdeu!

Uma nova revolução industrial

O debate coloca frente a frente, com frequência, os partidários do crescimento e os do decrescimento. Quando o crescimento é o mecanismo que permite produzir bens a menor custo ou criar novos bens que tornem melhor a vida humana, ele aparece como a solução do problema. No entanto, é necessário que seja direcionado para um caminho socialmente útil, e não fútil. Um dos mal-entendidos sobre o crescimento moderno é o seguinte: ele melhora constantemente a produtividade industrial, o que reduz o número de horas necessárias à produção de objetos e, consequentemente, seus preços. Mas o volume de objetos não diminui. Seus preços ficam mais baixos, fazendo com que o número de objetos aumente cada vez mais rápido. Os preços cada vez mais baixos explicam o desenvolvimento de uma "economia do descartável".

No passado, fazia-se um relógio para toda a vida. Hoje, suas cores mudam como se muda de camisa. Igualmente, aparelhos eletrônicos baratos são dados de brinde na assinatura de revistas, e nem mesmo são abertos.

Essa "economia do descartável está em rota de colisão frontal com os limites geológicos do planeta".[8] Os custos de retirada de dejetos fora das regiões urbanas não para de aumentar. Nova York foi uma das primeiras grandes cidades a saturar seus depósitos de lixo. Doze mil toneladas de lixo são produzidas diariamente. São necessários 600 caminhões por dia para retirar a sujeira da cidade. Nessas condições, o preço dos objetos torna-se, em um número crescente de casos, inferior aos custos ambientais que eles provocam. Oystein Dahle, o antigo presidente da Exxon para a Noruega, citado por Lester Brown, resumia assim o problema: "O socialismo ruiu porque não autorizava o mercado a dizer a verdade econômica. É possível que o capitalismo entre em colapso porque não permite que seja dita a verdade ecológica."

Um primeiro eixo de ação para represar essa crise seria cobrar dos poluidores uma taxa carbono a ser direcionada para o combate do aquecimento global. Essa taxação exige, no entanto, um trabalho de auditagem e de supervisão muitas vezes mais custoso do que a imposição direta de normas ambientais aos setores interessados (eletricidade, transportes, construção civil, serviços públicos). Outra prioridade seria suprimir as subvenções em favor de atividades destrutivas do meio ambiente, tais como a superexploração dos lençóis freáticos, o desmatamento sem replantio e as atividades pesqueiras excessivas.

Investir em combustíveis limpos é uma segunda direção. A principal conclusão do relatório Stern é inequívoca. Quanto mais cedo esses problemas forem atacados, menos pesados serão os custos. De acordo com esse relatório, um investimento anual permanente da ordem de 1% do PIB mundial deveria ser suficiente para combater o aquecimento, desde que esse combate seja iniciado imediatamente. O Grupo Intergovernamental de Especialistas sobre a Evolução do Clima estima também que o custo da generalização das melhores tecnologias em matéria de captura de carbono poderia ser modesto.[9] O que parece hoje um esforço razoável poderá ter um custo exorbitante caso se demore a agir.

Mas será necessário muito mais do que cobrar impostos, subvencionar e investir. Para ter sucesso, a revolução do meio ambiente terá que produzir uma mudança que deverá equivaler a uma nova Revolução Industrial: uma nova maneira de conceber o crescimento econômico.

Dando apenas um exemplo essencial: o esgotamento anunciado das reservas de petróleo. As evoluções hoje consideradas naturais, tais como a urbanização e as trocas internacionais, poderão mudar de um dia para outro sob a pressão de um petróleo tornado raro ou caro. Contudo, a despeito das restrições anunciadas, novos aviões de carreira são produzidos na perspectiva de um tráfego aéreo de frete e de passageiros de volume indefinido. A maior firma automobilística do mundo, a General Motors, está falida por ter notoriamente apostado no desenvolvimento absurdo das vendas dos 4×4.

O fim do petróleo colocará em xeque de maneira espinhosa o funcionamento de uma civilização urbana baseada no automóvel e na qual os subúrbios desempenham um papel essencial. O modelo atual, aquele em que as pessoas passam pelo menos uma hora por dia em trajeto automobilístico para ir de casa até o trabalho, está condenado. Toda a economia da mobilidade deverá ser repensada.

Colapso

Jared Diamond, em *Colapso*, analisou a maneira pela qual diversas civilizações sucumbiram aos desastres ecológicos que elas próprias haviam provocado. Os sumérios desenvolveram as primeiras cidades e a primeira linguagem escrita. Entretanto, essa civilização tinha uma falha: o sistema de irrigação fez subir, por percolação, o nível dos lençóis freáticos. Quando esse nível chegou a alguns centímetros da superfície, a água começou a se evaporar, enriquecendo o solo com sal. Depois de algum tempo, essa acumulação afetou a produtividade da terra. Hoje, a Suméria é um lugar onde a vegetação é rara, ou totalmente ausente. A mais antiga civilização do mundo se transformou em um lugar vazio.

A civilização maia conheceu o mesmo destino. Entre seu desabrochar, em 250, e seu declínio, em 900, concebeu uma agricultura sofisticada e muito produtiva. Mas o desmatamento e a erosão dos solos desencadearam uma penúria alimentar que acabou conduzindo a guerras civis entre as diferentes cidades até todas serem eliminadas do mapa. A ilha de Páscoa e os vikings na Groenlândia são outros exemplos de civilizações destruídas por sua incapacidade de enfrentar o risco ecológico.

Esses desastres são o resultado, de acordo com Diamond, de quatro tipos de erros: a incapacidade de prever os problemas criados, de identificá-los corretamente quando aparecem, de manifestar a vontade de resolvê-los, uma vez identificados, e de conseguir enfrentá-los, uma vez que a vontade de resolvê-los se manifeste.

Estamos já na fase três! Os problemas não foram previstos, mas hoje estão identificados. Falta a manifestação da vontade coletiva para enfrentá-los, e só resta esperar que essa vontade encontre os meios de resolvê-los

– duas condições bastante delicadas. Em todos os domínios citados, será necessário um imenso esforço coordenado de pesquisas científicas e de decisões políticas para que haja um entendimento sobre novas normas internacionais.

Existe um contraexemplo para o pessimismo. Há 600 anos, a Islândia realizou uma superexploração de ervas de altitude, conduzindo a uma perda de terra vegetal em uma região que já era de pouca espessura. Os fazendeiros então chegaram a um consenso sobre o tamanho dos rebanhos de ovelha e as cotas destinadas a preservar o potencial das terras. O país sobreviveu ao risco ecológico. O que torna, no entanto, trágica essa referência à Islândia é que ela não sobreviveu ao risco financeiro dos *subprimes*, crise que é uma inquietante demonstração de nossa incapacidade de prever riscos sistêmicos.

14. A crise financeira

O novo capitalismo financeiro

A produção de riquezas exige matérias-primas, trabalho e capital. A mundialização tende a dar uma definição geográfica a essas categorias: o trabalho vem da Ásia, as matérias-primas vêm da África e do Oriente Médio. E o capital fica nos países ricos. Na linguagem de Marx, o capital tem um duplo sentido: o de um adiantamento de fundos necessários para comprar máquinas e alugar força de trabalho e também de controle sobre o processo de produção. Essa ideia continua pertinente, mas a forma como é exercida mudou. O capital se transformou, hoje, em um bem "imaterial": pesquisa e desenvolvimento (P&D), publicidade, moda, finanças. São eles que agora governam o mundo da produção.

Se os países pobres desempenham um papel crescente na produção de bens materiais, os países ricos mantêm firmemente o controle da produção imaterial. Dando apenas um exemplo, 95% da P&D é ainda hoje produzida nos países ricos. Tudo é feito para cuidar das moléstias que os afetam: o câncer, a diabetes, o mal de Alzheimer... mas doenças como a malária não encontram cura por falta de clientes solventes. A gestão pelos países ricos dos fluxos imateriais obedece a uma lógica que, infelizmente, não leva em consideração o bem público mundial. Na linguagem dos economistas, os rendimentos privados não coincidem necessariamente com os rendimentos sociais.

A crise dos *subprimes*, já que é dela que estamos falando, revelou a incapacidade do capitalismo financeiro – forma suprema dos fluxos imateriais – de avaliar os riscos que ele mesmo impõe ao planeta. As quatro fases apontadas por Jared Diamond são encadeadas: a capacidade de prever a crise, de identificá-la quando os primeiros sinais aparecem, de chegar a um acordo sobre o que é necessário fazer em seguida e de, enfim, obter êxito nas ações que se decidiu tomar para resolvê-la. Retomemos o fio dessa sequência fatal.

A crise do keynesianismo

O período descontrolado que se inaugura nos anos 1980 acabou por desmantelar o velho mundo, regulado e cooperativo, que havia sido forjado no pós-guerra. Em matéria de economia, esse mundo foi construído sobre um triângulo de sustentação associado a três nomes: Ford, Beveridge e Keynes. O fordismo será recolocado em questão pelo desmantelamento das empresas orquestrado nos anos 1980. A solidariedade promovida por Beveridge será afetada pela diminuição do crescimento ao fim dos 30 Anos Gloriosos. O raciocínio keynesiano também será questionado novamente. A ideia de que uma regulação macroeconômica seria necessária ao bom funcionamento do capitalismo tornou-se arcaica antes que a crise dos *subprimes* lhe restituísse abruptamente a honra.

A crise do keynesianismo data dos anos 1970. A ruptura se manifestou quando da crise do petróleo. Os países da Opep quadruplicaram o preço do petróleo, em 1973, e o duplicaram ainda em 1978. Essa alta especulativa conduziu as economias na direção de um novo mal dificilmente identificável em sua origem: a estagflação, mescla inédita de inflação e recessão. Esse fenômeno demorou a ser corretamente compreendido pelos economistas e políticos. Formados, no final da guerra, no raciocínio keynesiano, eles aprenderam a analisar os ciclos econômicos como uma manifestação dos desequilíbrios decorrentes da demanda final. Quando a demanda é pequena, há desemprego, mas a inflação tende a baixar. Quando a demanda é grande, acontece o contrário: o desemprego baixa, mas a inflação aumenta. Essa relação invertida será descrita pelo que se chamará de "curva de Phillips", nome do economista que em 1956 pôs o conceito em evidência.

A estagflação confundiu essa correlação. Observou-se, com efeito, não mais um ou outro desses dois transtornos, inflação ou desemprego, mas ambos ao mesmo tempo! Gastou-se algum tempo para compreender esse paradoxo aparente. Não era a demanda que tinha se tornado insuficiente e precisava ser remediada. Era a oferta que havia cessado abruptamente de ser lucrativa graças, de início, ao encarecimento do preço do petróleo e, depois, mais duradouramente, devido ao esgotamento do crescimento da produtividade. Ao se concentrar as políticas na demanda, nesse momento em que a oferta era baixa, aumentavam-se os preços sem que o desemprego fosse reduzido. Todos os governos, entre eles o de Giscard d'Estaing e o de Mitterrand, fracassaram ao tentar aquecer o consumo como instrumento de luta contra o desemprego.

Essa derrota abrirá caminho para uma formidável rediscussão do problema. Nos anos 1980, políticos e economistas substituirão as opiniões de Keynes pelas de Milton Friedman, grande mestre de Chicago, e de seus discípulos, conhecidos como "neomonetaristas". Estes pregavam o encolhimento do Estado. Denunciaram o Estado-Providência como o culpado pela perda de competitividade das empresas. O mercado passou a ser visto como infalível, e o desemprego como "natural". Aos olhos de Friedman, as políticas econômicas de inspiração keynesiana agravavam o mal que buscavam combater. Ao buscar atingir a qualquer custo o pleno emprego, elas acabavam por desencadear uma aceleração da inflação, que se tornava logo em seguida difícil demais de ser controlada.

O principal episódio dessa sequência foi a política monetária conduzida por Paul Volcker, presidente do Banco Central norte-americano, o FED, no início da década. Para tentar quebrar o ritmo da inflação, ele reduziu bruscamente a oferta monetária, provocando uma explosão das taxas de juros. Sob o jugo dessa terapia de choque, a inflação norte-americana teve uma queda impressionante entre 1982 e 1984. Ao preço de uma recessão considerável, a "credibilidade" da política monetária norte-americana foi finalmente restaurada e a confiança na moeda voltou.[1] Já a confiança nos preceitos keynesianos desapareceu completamente! Esse é o clima no qual se produziria o que será chamado de a revolução liberal dos anos 1980.

O novo espírito do capitalismo

O capitalismo industrial resultante da grande tradição fordista havia prosperado à sombra da crise dos anos 1930 e da Guerra Fria. Após a crise de 1929, a bolsa estava desqualificada, moral e economicamente. Ela foi responsabilizada pela crise e pela guerra. Dirigentes de empresas passaram a agir, então, em função do que acreditavam ser o melhor para elas, ignorando solenemente os acionistas. Essa foi a era do que se poderia chamar de capitalismo gerencial. A Guerra Fria também teve seu papel aqui. Como disse, com humor, o filósofo Peter Sloterdijk, foi um momento em que os assalariados poderiam facilmente satisfazer suas reivindicações: "Bastaria a eles dirigir discretamente o olhar sobre a realidade do segundo mundo [o bloco soviético] para fazer com que seus empregadores compreendessem que aqui também a paz social tinha seu preço..."[2]

A partir dos anos 1980, os acionistas decidiram retomar o controle. Desejando esquecer as lições de 1929, engajaram-se em um imenso trabalho de recuperação do capitalismo. O tipo de organização do trabalho que prevalecia no pós-guerra, com seus planos de carreira, sua política social e seus sindicatos, foi recolocado em questão. Os prêmios de participação nos lucros substituíram os planos de carreira. Em muito pouco tempo os diretores, que eram então assalariados como todos os funcionários, deixaram de pertencer a essa condição. Eles passaram a ter seu destino e suas remunerações indexados à bolsa, à qual se submeterão e da qual serão, daqui para a frente, partes interessadas. É a morte de um tipo de capitalismo e o nascimento de outro.

A norma que o novo "capitalismo por ações" vai ditar consiste em reduzir a atividade das empresas ao único segmento que corresponde à sua especialidade, ao seu *core business*. Todo o resto é deixado para o mercado. A terceirização de tarefas torna-se a regra. Em uma empresa dos anos 1950-60, a cantina, a segurança, a limpeza, a contabilidade eram todas tarefas conduzidas por assalariados da empresa. Com a terceirização, nenhum desses serviços continuou a ser realizado internamente, sendo feitos por prestadores de serviço contratados. A tendência passa a ser a de empresas que sonham existir sem funcionários, processo acelerado pela revolução de novas tecnologias de informação e de comunicação. A chegada da mundialização, aumentando a concorrência e oferecendo mão de obra menos cara, vai aperfeiçoar esse movimento. A terceirização das tarefas cria espaço para as deslocalizações*, quando isso se torna possível. Mas como a cronologia nos mostra, a reorganização interna do capitalismo precedeu a mundialização.

As finanças de mercado

Essa revolução também perturbará, profundamente, o próprio sistema financeiro. Um novo tipo de intermediação financeira, totalmente distinto das regras elaboradas após a crise de 1929, será desenvolvido. Esse novo sistema é, às vezes, chamado de *shadow banking system*. Praticamente inexistente nos anos 1980, na véspera da crise dos *subprimes* ele tem o mesmo peso nos Estados Unidos que o sistema bancário tradicional: 10 trilhões de dólares. Trata-se de bancos de investimento, de fundos especulativos (*hedge funds*), de fundos de investimento em participações (os *private equity*, que compram a crédito empresas não cotizadas) e de companhias de seguros.[3] Para aproveitar ao máximo as oportunidades dessas novas finanças de mercado, os bancos também criaram estruturas inéditas, as *Special Investment Vehicles* (SIV), situadas fora do balanço. Ao incluir nesses veículos *ad hoc* suas atividades novas, os bancos também se distanciaram das regras de prudência. Puderam, então, aproveitar o máximo aquilo que é chamado de alavancagem – *leveraging* –, a saber, a possibilidade de financiar a crédito operações de alto rendimento sem mobilizar seus próprios fundos.

As finanças de mercado concretizaram assim, à sua maneira, o novo sonho de Wall Street: criar empresas "sem fábricas e sem trabalhadores". Aos bancos tradicionais cabia a ingrata tarefa de coletar, por meio de suas

* Transferência, total ou parcial, da capacidade de produção de uma empresa para outro país. (N.T.)

sucursais, depósitos de particulares. Deviam informar à carteira de clientes a demanda de créditos, acompanhar os investimentos até a maturação e suportar os riscos de inadimplência. As finanças modernas se libertarão dessas atividades fastidiosas! Firmemente plantados diante das telas de seus computadores, os novos atores, os *traders*, vão financiar-se unicamente a partir de instituições existentes no mercado, ignorando a restrição de coletar depósitos de particulares. Ao invés de conceder créditos, eles irão "titularizá-los", isto é, recolocá-los no mercado depois de recompô-los com outros créditos. Esse novo sistema vai, nesse sentido, terceirizar todas as funções clássicas desempenhadas pelos bancos comerciais, como coleta de depósitos e distribuição de créditos, e prosperar com o foco em seu negócio, que é a própria engenharia financeira. Tudo já está em seus devidos lugares. Agora só falta esperar a maior falência da história financeira.

•

Os subprimes

Na origem de tudo, há uma inovação que podemos qualificar de genial. Para tornar o crédito imobiliário mais atraente, os engenheiros de Wall Street tiveram a seguinte ideia: primeiro eles juntaram o conjunto de dívidas e, depois, dividiram as carteiras de créditos hipotecários em grupos. Quem investisse no grupo de menor risco seria pago em primeiro lugar; o segundo grupo seria pago logo em seguida. O grupo com maior risco de inadimplência seria pago por último. Fabricou-se, assim, uma paleta variada de ativos, interessando a uma vasta gama de investidores: os fundos de pensão para o primeiro grupo e os fundos especulativos para os ativos mais arriscados. Mas deixaram fora dos balanços os ativos que ninguém quis... Essa invenção, empreendida em 1983 por uma filial da General Electric, estava destinada, em suas origens, a tomadores de empréstimo, *a priori*, sem importância. Apesar de uma primeira crise em 1994, o sistema ganhou alcance nos anos 2000, quando se aumentou a gama de unidades familiares suscetíveis de se beneficiarem de empréstimos. As camadas mais desfavorecidas da população, aquelas para as quais os riscos eram maiores, tiveram acesso a esse crédito, os *subprimes*. Wall Street virou a salvadora do Harlem! Mas esse conto de fadas acabaria mal.

A crise dos *subprimes* foi desencadeada por diversas bombas de impacto retardado. Com o avançar da crise, um fato foi rapidamente revelado: a qualidade dos créditos tinha se deteriorado profundamente, mesmo levando-se em consideração o perfil de sua nova clientela. A solvência dos clientes foi sistematicamente superestimada pelos intermediários encarregados da distribuição dos empréstimos. A causa dessa degradação é evidente. Com a titularização dos empréstimos, aquele que está na origem do crédito o revende imediatamente para o mercado financeiro. Mas a filosofia mudou completamente: o que passou a ser importante era o cumprimento das metas, e não a qualidade dos clientes. Conceder um crédito sabendo que ele será repassado imediatamente a um terceiro e fazer um empréstimo sabendo que ele terá de ser resgatado pessoalmente não é a mesma coisa. Mas além da negligência, já ficou demonstrado que fraudes também foram cometidas. Alguns prestamistas teriam artificialmente inflado a estimativa da capacidade de solvência de seus clientes para aumentar o volume de seus negócios.

A outra fonte de desconfiança relacionada à qualidade dos títulos diz respeito aos métodos utilizados para avaliar os riscos. Com o auxílio das agências de notação de riscos, os investidores fabricaram instrumentos considerados sem risco que foram denominados AAA. Valeram-se desses instrumentos para elaborar modelos matemáticos sofisticados, com a finalidade de prever a possibilidade de inadimplência desse ou daquele tipo de crédito, a partir dos quais pudessem deduzir as partes menos arriscadas. Esses modelos tiveram um bom desempenho, em tempos normais, porém, de acordo com *The Economist*, induziram a Goldman Sachs a encerrar um fundo cuja probabilidade de inadimplência estava estimada em um sobre dez elevados a 138![4]

O mercado de finanças fez circular, assim, uma "moeda financeira falsa" – títulos cuja verificação da qualidade foi negligenciada. Esse comportamento irresponsável e essa cegueira para os riscos foram o fator essencial da crise que agora é necessário explicar.

Ganância

No clássico *A ética protestante e o espírito do capitalismo*, publicado em 1904, Max Weber explica que o capitalismo não se caracteriza pela avareza ou pela cobiça. Se esse fosse o caso, teria sido desenvolvido no Oriente Médio pelos mercadores fenícios, ou na Veneza enriquecida pelo comércio de especiarias. O capitalismo apareceu, no entanto, na Inglaterra e, depois, se desenvolveu nos Estados Unidos e no norte da Europa. Embora reconheça que a ganância constitui uma das características fundamentais da atividade humana, Weber sustenta que o capitalismo original racionaliza esse apetite, constrói relações de confiança e de contrato e reequilibra o conjunto com regras, leis e uma "ética" de responsabilidade.

A revolução financeira mostrou como é frágil essa visão weberiana do capitalismo. Um dos traços marcantes do novo espírito do capitalismo que emerge dos anos 1980 foi o crescimento extravagante das desigualdades. Pesquisa de Thomas Piketty e Emmanuel Saez mostrou que, nos Estados Unidos, os 1% mais ricos da população reconquistaram o peso que tinham no início do século XX, a idade de ouro dos rentistas: eles receberam mais de 16% dos rendimentos nacionais, contra 7% no pós-guerra. Trata-se do reinado do "dinheiro louco".

O *Financial Times* cita um estudo que calculou a remuneração dos dirigentes dos maiores estabelecimentos financeiros nos três anos que precederam a crise. Eles acumularam quase 100 bilhões em rendimentos contra 4 trilhões de perdas deixadas à comunidade... Esse efeito de "alavanca invertida" ilustra o mecanismo do sistema.

A partir do momento em que *traders* e financistas se financiam inteiramente a crédito para montar operações, uma incitação perversa é criada. Se o crédito gera ganhos, eles reembolsam sua dívida e dividem o lucro com os investidores que os financiaram. Mas se o investimento é um "crédito podre", insolvente, as perdas são tão somente daqueles que emprestaram. Quando um investidor não aporta seu próprio capital, o jogo se parece com "cara, eu ganho; coroa, você perde". Para os financistas que ganharam 100 bilhões contra 4 trilhões de perdas sociais, o resultado é sempre positivo. Seja lá o que se faça em seguida, jamais se poderão privatizar os prejuízos, fazer com que os culpados paguem pelos bilhões que fizeram a sociedade perder.

Não se pode, no entanto, caracterizar a atitude dos dirigentes dos estabelecimentos financeiros como o reflexo de um comportamento "panglossiano", para retomar a fórmula de Paul Krugman. Pangloss, o herói de Voltaire, acreditava ver por todos os lados "o melhor dos mundos possível".[5] O *trader* faz algo parecido. Ele não vê nada mais do que o lado bom das coisas, ele ignora o risco, e não por miopia, mas racionalmente, porque o princípio de remuneração é assimétrico. Se ele ganha, ganha tudo, e se ele perde, perde eventualmente o emprego e talvez até a carreira, mas sua perda jamais será proporcional à que terá imposto a outros.

E não são apenas os atores das finanças de mercado que estão presos nessa espiral. As unidades familiares também são incitadas a adotar comportamentos de risco. Nos Estados Unidos, um dispositivo extremamente tolerante permite que as dívidas cresçam em igual proporção ao crescimento do valor do patrimônio imobiliário. A cada alta dos preços imobiliários as dívidas são refinanciadas na proporção da mais-valia observada, com desembolsos maiores.

Uma estatística impressionante dá a medida dessa compulsão norte-americana pelo consumo: enquanto as desigualdades de rendimentos não pararam de crescer ao longo dos anos 1990 e 2000, não se observa nenhuma alta visível das desigualdades em matéria de consumo – o crédito compensou inteiramente os rendimentos como motor do crescimento. A crise dos *subprimes* foi, assim, a expressão do comportamento patológico de uma sociedade que decidiu globalmente esquecer o princípio da realidade, passando a viver no mundo virtual das mais-valias.

Tudo vai bem enquanto os preços imobiliários sobem. Tudo se inverte quando os preços começam a baixar. As unidades familiares cujos montantes da dívida (hipotecária) se mostram superiores ao valor do bem adquirido param de pagar a hipoteca por não poderem obter um novo crédito que lhes permita refinanciar sua dívida. À imagem dos estabelecimentos financeiros que apostam na alta, as unidades familiares norte-americanas ignoraram o risco da virada do ciclo. E quando os preços imobiliários finalmente começaram a baixar, o castelo de cartas fabricado pelos Pangloss das finanças só pôde entrar em colapso.

Colapso

O presidente do Banco Central norte-americano era, sem dúvida, a pessoa mais qualificada para ocupar esse cargo no exato momento em que a crise dos *subprimes* estourou, no verão de 2007. Ben Bernanke é autor de trabalhos acadêmicos que contribuíram para estabelecer de maneira decisiva a responsabilidade das autoridades monetárias norte-americanas na crise dos anos 1930. Desde o início da crise, ele não hesitou em injetar uma liquidez considerável na economia, salvando, sem ressentimentos, o banco de investimento Bear Stearns e, depois, grandes agências de refinanciamento hipotecário, como Freddie Mac e Fannie Mae.

Ben Bernanke herdou uma situação explosiva como legado de seu predecessor, Alan Greenspan, por muito tempo conhecido como "o maestro"... Constatando que o risco de inflação estava erradicado, Greenspan implementou ao longo de todo o seu mandato, de 1987 a 2007, uma política de dinheiro fácil, provocando sucessivamente a bolha da internet, a bolha imobiliária e a bolha petrolífera. Foi sob sua égide que as finanças de mercado, vivendo de créditos, prosperaram, antes de implodir com a crise dos *subprimes*.

Até mesmo Bernanke, no entanto, terminou cometendo o erro que denunciava em seus livros. Ao deixar o banco Lehman Brothers falir, em 15 de setembro de 2008, uma segunda-feira, ele provocou uma onda de choque que desencadeou a explosão. À semelhança da terça-feira negra em 1929, a falência do Lehman foi o verdadeiro lance inicial da crise. Todos os tesoureiros dos negócios compreenderam que o refinanciamento de seus créditos, obtido renhidamente ao longo do ano anterior, não seria mais garantido. As firmas começaram a liquidar seus estoques e a reduzir seus financiamentos. As unidades familiares, então, perderam todo o moral.

Lembremo-nos da interpretação da crise dos anos 1930 dada por Milton Friedman. A seus olhos, as falências bancárias foram sua verdadeira causa. A falência do Lehman não se compara de nenhuma maneira às dos anos negros. Tudo foi feito em seguida para salvar os bancos ameaçados. Somas consideráveis foram rapidamente mobilizadas pelo plano Paulson (700 bilhões de dólares) para evitar novas catástrofes, não sem provocar o sentimento popular de que os banqueiros estavam sendo recompensados por seus erros passados. Tudo se passou, no entanto, como se um choque virtual, a falência de um único banco, tivesse produzido efeitos comparáveis à falência real dos bancos norte-americanos na década de 1930. Todo o dominó das finanças de mercado caiu, sob o efeito da queda de uma só pedra, o Lehman.

A interpretação keynesiana não foi, no entanto, considerada na explicação da crise. Como em 1929, as compras de "bens duráveis" (automóveis, imóveis...) ficaram na primeira linha. Em 2008, como em 1930, o setor automobilístico foi golpeado duramente. O líder mundial, a General Motors, de repente se viu falida; a Toyota anunciou perdas pela primeira vez em sua história. Outro grande setor atingido, como em 1930, foi o da construção civil, de onde a crise partiu. Como explicaram os autores de inspiração keynesiana, a queda das despesas das unidades familiares e das empresas desencadeou um mecanismo multiplicador que amplificou a crise. E como em 1930, o colapso do comércio mundial retroagiu brutalmente sobre as conjunturas nacionais.

Lições da crise

O debate entre Keynes e Friedman não se reduziu à questão de saber se o mais importante seria salvar os bancos ou tentar retomar os níveis de consumo. No calor da crise, é óbvio que é necessário fazer as duas coisas ao mesmo tempo. O verdadeiro debate recaiu sobre a natureza das economias de mercado. Friedman estava convencido de que uma economia de mercado pode se estabilizar sozinha, desde que não se interfira nela. Leva seu argumento ao paroxismo de afirmar que são as ações dos governos que constituem, na realidade, os fatores que provocam instabilidade.

Keynes pensava exatamente o contrário. Um de seus intérpretes mais competentes, Axel Leijonhuvfud resumiu essa oposição em uma metáfora chamada "corredor". As forças que atuam sobre a economia e que a fazem convergir para um equilíbrio de pleno emprego podem funcionar no sentido esperado, mas apenas no interior de um corredor de confiança. Quando o crescimento diminui, pode-se esperar sob certas condições que as unidades familiares saquem de suas poupanças para manter seus níveis de consumo e que as empresas aproveitem a baixa nas taxas de juros para investir etc. Mas ultrapassado certo limiar da crise, como um carro que perde a direção, a economia não regressa mais a seu estado "natural". Ela derrapa, e as forças que passam a atuar agravam a crise. Em face da diminuição do ritmo de crescimento, as unidades familiares poupam, ao invés de gastar, e as empresas bloqueiam seus investimentos, ao invés de aumentá-los... O medo se instala e os estabelecimentos financeiros mais vulneráveis abrem falência. As leis da economia tornam-se patológicas.

A crise dos *subprimes* chamou à razão os que desejavam esquecer a potência do raciocínio keynesiano. Não fosse a firme intervenção das autoridades – que, no entanto, foram incapazes de impedir a falência do Lehman –, essa crise teria seguido passo a passo a de 1929. Menos de 25 anos após a revolução financeira, que difundiu a ilusão de que era possível "esquecer 1929", a crise voltou com as mesmas características. A miragem de um mundo entregue unicamente às forças do cada um por si precisou ser abandonada. Vinte e cinco anos após a revolução financeira, o capitalismo deve, agora, curar suas feridas e repensar seus critérios. A lição de Keynes tornou-se outra vez audível. O papel do Estado recuperou o brilho perdido.

Os ensinamentos que podem ser tirados dos *subprimes* ultrapassam, no entanto, essa redescoberta do papel do Estado. Pela velocidade com que se propagou ao conjunto da economia mundial, ela testemunha a extraordinária dificuldade de pensar *ex ante* os riscos sistêmicos e de eliminá-los *ex post*, quando eles se manifestarem.

O diretor de Riscos Financeiros do Banco da Inglaterra, Andrew Haldane, propôs um paralelo interessante entre o mundo das finanças de mercado e o mundo das grandes redes elétricas. Uma interconexão permite resolver os desequilíbrios parciais entre a oferta e a demanda. Quando uma rede sofre de excesso de demanda, pode contar com as outras para aprovisioná-la. A interconexão funciona como um amortecedor de choques. Ultrapassado um limiar crítico, no entanto, ocorre o inverso. Uma disfunção local, mesmo pequena, pode colocar tudo em perigo, mergulhando no escuro até mesmo regiões muito afastadas da pane.

Andrew Haldane fez também uma comparação esclarecedora entre a crise financeira e as pandemias. Uma das lições dos estudos de biologia ou de epidemiologia, para ele, é a seguinte: quando a complexidade de um sistema é acompanhada de uma perda de diversidade, uma crise pode ser fatal. Um estudo estatístico mostrou que 40% das espécies de peixes desapareceram. Esse número atinge 60% em zonas onde os recursos são homogêneos, mas baixa para 10% em regiões com grande diversidade de espécies. Igualmente, a acumulação de defeitos genéticos é bem mais frequente em famílias incestuosas (como os Habsburgo, que afundaram na esterilidade). O contato com outras espécies, diversificando seu patrimônio genético, favorece a imunização contra as doenças que a ameaçam. A diversidade é um redutor de riscos.

No caso dos mercados financeiros, a uniformização dos comportamentos foi a regra. Todos os atores desejaram fazer a mesma coisa: as cooperativas de crédito quiseram tornar-se bancos; os bancos comerciais quiseram transformar-se em bancos de investimento; os bancos de investimento desejaram transformar-se em fundos especulativos, *hedge funds*. Ninguém que estivesse de fora poderia julgar a pertinência das estratégias adotadas. E todos sucumbiram, a um só tempo, vítimas da mesma doença.

Estamos nesse ponto. O capitalismo-mundo se impôs como a civilização que substituiu todas as outras sem que um olhar exterior pudesse julgar sua pertinência. A interconexão econômica e cultural transformou-se na regra e submeteu todos ao risco de uma disfunção global.

15. O capitalismo imaterial

A nova economia

A crise dos *subprimes* realçou alguns traços aberrantes do capitalismo contemporâneo, entre eles os salários de executivos importantes – tão altos quanto os de estrelas do rock – e os riscos temerários assumidos por diretores de comportamento panglossiano... Não há mais nenhuma dúvida, para a maioria dos estudiosos, de que o "império da ganância" deve ser policiado. Caso se tratasse apenas de um problema financeiro *stricto sensu* a solução seria simples: bastaria impor algumas normas de prudência estrita a todos os atores do mundo das finanças, dentro e fora de seus balanços. Mas a amplitude das questões é maior. Outra transformação está em andamento, mais pesada, em relação à qual a crise dos *subprimes* não passa de uma doença infantil: a emergência de uma economia que se desmaterializa por causa da entrada no cibermundo das tecnologias de informação e de comunicação.

Uma expressão esclarece a natureza dessa transformação: "a nova economia". Esse termo designa uma modificação radical no paradigma habitual da economia, tal como analisado por Adam Smith e Karl Marx. Adam Smith explicava que se fosse necessário duas vezes mais tempo para caçar um cervo do que para caçar um castor, o primeiro animal custaria, em média, duas vezes mais do que o segundo. A "nova economia" se caracteriza por uma estrutura de custos totalmente atípica em relação a isso. Sai caro conceber um *software*, mas não fabricá-lo. Uma vez concebido, o *software* da Windows pode ser vendido tanto em escala pequena como para todo o planeta, e seus custos de fabricação mudarão apenas marginalmente. O mesmo raciocínio se aplica aos empreendimentos audiovisuais – é caro fazer um filme, mas não difundi-lo. De modo geral, a informação, quer tome a forma de um código numérico, de um símbolo ou de uma molécula, custa muito mais para ser concebida do que a estrutura física que a contém.

Nessa nova economia, é a primeira unidade do bem fabricado que é onerosa – a segunda e todas as outras terão um custo mais baixo, evidentemente dentro de certos limites. Na linguagem de Adam Smith isso equivaleria a dizer que o tempo gasto para matar o primeiro castor ou o primeiro cervo, ou seja, o tempo gasto para descobrir onde se escondem é que explicaria todos os custos. Na linguagem de Marx, se poderia dizer que a fonte da mais-valia não está mais no trabalho dedicado a produzir os bens, mas no trabalho dedicado a concebê-los. Aquele que fabrica os bens, o proletário, que dispõe apenas de suas mãos para garantir seu salário, não é mais uma fonte de mais-valia. Passa a ser um custo que se busca terceirizar.

Um exemplo típico é o da indústria farmacêutica. O que é realmente difícil é descobrir a molécula. O custo de fabricação dos remédios em si – que pode ser estimado em função do preço dos genéricos – é muito menor do que a amortização dos custos de P&D embutidos nos medicamentos com a marca de seus laboratórios.

Esse paradigma também vale para as indústrias. Assim, em suas campanhas publicitárias, a Renault, que era um símbolo da sociedade industrial, hoje se apresenta como uma "criadora" de automóveis. E, de fato, essa empresa tende a fabricar uma parcela cada vez menor de carros. Nos anos 1950, a Renault fabricava 80% dos veículos colocados nas concessionárias. Hoje não fabrica mais do que 20%, e, embora seu polo tecnológico de Guyancourt seja o maior ponto "industrial" da empresa, seu propósito é justamente fabricar a primeira unidade... A se acreditar em uma anedota representativa dessa evolução, o chefe de compras da Volkswagen do Brasil foi elogiado por ter conseguido terceirizar o essencial da fabricação, deixando para a matriz alemã apenas aquilo que ela sabia fazer melhor: encaixar o logotipo na frente dos veículos! Na hora da mundialização, as firmas buscam espalhar suas atividades em um nível planetário para poder atingir o maior número de clientes. As atividades imateriais, cujo custo se concentra na primeira unidade – por exemplo a promoção da marca –, são atividades muito mais interessantes do que a fabricação dos bens que se sucedem.[1]

Aquilo que se pode chamar de sociedade pós-industrial determina a unidade de dois termos opostos: o que corresponde à concepção dos bens (o imaterial) e o que corresponde à sua prescrição (sua comercialização). A fórmula química de um medicamento é imaterial. O médico que prescreve o medicamento adequado se encontra nos domínios descritos por Fourastié no exemplo do cabeleireiro: trata-se de um ofício que não pode ser robotizado ou deslocalizado. O cabeleireiro, como o médico, ou os técnicos que fazem consertos escapam da mundialização porque mantêm uma relação face a face (em inglês, F2F) com seus clientes. O produtor de bens imateriais, ao contrário, mergulha imediatamente na grande piscina da mundialização. Toda nova molécula nasce com a vocação de cuidar de todos os corpos humanos, por mais longe que estejam do laboratório onde foram descobertas.

O F2F permanece no mundo trivial das economias de Marx ou de Smith. Seus atores são remunerados em função do tempo que passam com seus clientes. A hora de trabalho continua sendo a unidade de contas pertinente para avaliar sua remuneração. A produção imaterial tem uma natureza totalmente diferente. Um ator não é pago com base no tempo que gasta para rodar um filme. É remunerado em função de sua celebridade e de sua capacidade de conquistar um mercado (tenha ele aparecido na tela dois minutos ou dez horas). As regras do cibermundo evocam as da economia antiga. O trabalho é desvalorizado, a busca da glória e da notoriedade vem em primeiro lugar. A mesma "indiferença cognitiva" se instala no mundo do trabalho.

De um ponto de vista econômico, a produção imaterial vive no reino dos rendimentos crescentes. Quanto mais um produtor tenha controle de um mercado importante, tanto mais fácil para ele amortizar as despesas de concepção de um novo bem, e mais ele pode lucrar com isso. A nova economia se mostra, nesse sentido, como o término de um processo que fez passar da era dos rendimentos decrescentes (a produção agrícola) para a era dos rendimentos constantes (a produção industrial), para, enfim, chegar à era dos rendimentos crescentes (a produção imaterial). De toda evidência, essas três dimensões estão sempre presentes, simultaneamente, em cada uma das três etapas que podem ser associadas às sociedades rurais, industriais e pós-industriais. Tanto a agricultura quanto a indústria sempre dependeram intimamente das inovações tecnológicas para seguir seu curso. O que é novo no momento atual é que os avanços tecnológicos tendem a adquirir uma força autônoma, impondo um ritmo a todos os outros setores.

A nova economia é frequentemente associada à ideia de uma melhor difusão da informação, de uma diminuição das barreiras à entrada e, finalmente, de uma pressão concorrencial mais forte sobre os atores da economia. Seus operadores tendem, portanto, a se tornar monopólios planetários. A renda fundiária da produção rural encontra uma curiosa analogia com o sobrelucro que é auferido pelo proprietário de uma tecnologia de ponta. Por causa da lei dos rendimentos crescentes, a empresa dominante se distancia das outras e tende a adquirir uma posição inexpugnável. Microsoft, Yahoo! ou Google dominam de tal maneira seus ambientes competitivos que estão fora do alcance de seus concorrentes, principalmente europeus, graças a uma lógica que incentiva a concentração. Compreende-se assim, perfeitamente, por que a produção de bens imateriais se transformou em uma vantagem comparativa dos países ricos.

A Europa a reboque

A pergunta de Needham, a de saber por que a China não produziu um Newton ou um Galileu, transforma-se, doravante, na seguinte indagação: por que as grandes universidades e os centros de pesquisa com os melhores desempenhos se transformaram no apanágio dos países ricos e, especificamente, do mais rico de todos, os Estados Unidos?

A supremacia norte-americana é visível a olho nu: para percebê-la basta conectar o computador pela manhã, ao chegar ao trabalho, ou ligar a televisão à noite, ao chegar em casa. Do *software* do Windows aos sobressaltos de *24 horas* ou *Desperate Housewives*, a mundialização imaterial apresenta-se sob um disfarce que fala inglês. A mundialização do século XXI é aquela das tecnologias vindas do vale do Silício, das regras de governança emanadas de Wall Street e dos filmes rodados em Hollywood.

Em virtude dessa preeminência, a Europa está indiscutivelmente sob pressão. Embora mantenha sua posição em domínios tais como a indústria farmacêutica, herança da segunda Revolução Industrial, está atrasada em todos os campos mais novos, como a informática e as nano e biotecnologias. Trata-se, no entanto, de um continente rico, dono de um grande mercado interno e de "humanoides", nos termos de Robert Solow, bastante numerosos. Por que, então, o atraso?

Seu primeiro problema está relacionado às instituições dedicadas ao ensino e à pesquisa. A produção de conhecimentos exige, na era da mundialização, universidades poderosas que protejam os pesquisadores da cobrança dos industriais sem, no entanto, ignorar a demanda social que lhes é endereçada. Ao longo dos séculos que formaram a "longa Idade Média" que precedeu a Revolução Industrial, a Europa combinou uma rivalidade entre suas nações com uma unidade em seu pensamento, veiculado em latim por uma cultura comum. Hoje, é exatamente o contrário que está em curso. Os Estados querem cooperar, mas a pesquisa europeia continua uma pilha de pesquisas nacionais que, no cômputo geral, valem menos do que a soma de suas partes. Até mesmo as normas de alocação dos recursos comunitários, conforme cumpridas por Bruxelas, estão mais atentas a respeitar o equilíbrio entre as nações do que a fazer surgir polos europeus comparáveis aos constituídos em torno das grandes universidades norte-americanas.

Outro aspecto da supremacia norte-americana diz respeito ao papel desempenhado pelo Pentágono, o Ministério da Defesa norte-americano. Ele é um artífice direto na corrida para a inovação, financiando projetos algumas vezes úteis, outras vezes fantasiosos. O Pentágono transformou a P&D numa questão de guerra que tende, ela própria, a se tornar virtual, imaterial, forçando as tecnologias norte-americanas a ultrapassar, sempre, as que são produzidas em outros países. A tecnologia confere aos Estados Unidos um papel de potência militar mundial, um desejo que a Europa não tem mais.

O politólogo Robert Kagan, próximo dos meios neoconservadores norte-americanos, coloca a Europa contra os Estados Unidos nesse campo como uma nova forma do conflito entre Marte e Vênus. Os norte-americanos, ele explica, são de Marte, os europeus são de Vênus: a guerra e o amor. Essa imagem deixa um bom número de europeus exasperados. Muitos são os que desejam fazer da Europa uma potência capaz de participar da condução de questões mundiais da mesma maneira que os Estados Unidos, ao lado de Marte.

Essa imagem é, contudo, bastante fiel aos respectivos papéis das duas regiões, mas seu significado não tem o alcance condescendente que lhe foi atribuído. Os europeus sabem, ainda que lhes custe admitir, onde desembocará o caminho que eles mesmos abriram. A Europa é a única região do mundo que foi até o fundo da história hoje vivenciada pelo resto do planeta. Os norte-americanos ignoram, ou querem ignorar, a dimensão trágica da história ocidental. Eles abandonaram a Europa no século XVIII, levando a filosofia desse século – a do Iluminismo –, claramente otimista na capacidade dos homens de organizar racionalmente uma sociedade livre de superstições.

Os Estados Unidos não são mais sensíveis às queixas dos autores românticos do século XIX e permanecem veementemente convencidos de que o novo é melhor do que o antigo, quase por definição. Eles penam para traduzir as dificuldades dos outros países de vestir o luto por um mundo perdido. Quando Samuel Huntington escreveu que "em algum lugar do Oriente Médio meia dúzia de jovens pode perfeitamente vestir jeans, beber Coca-Cola e, entretanto, explodir um avião de carreira norte-americano", ele traduziu bem a ambiguidade do sentimento que o resto do mundo tem em relação à América e a dificuldade que a América tem de entender isso.

No cibermundo

No universo cultural, o êxito norte-americano é tão evidente quanto o domínio tecnológico ou financeiro, em parte devido às mesmas leis. Graças a seu mercado interno, a América dispõe de um formidável campo de seleção interna de títulos que agradam. Os produtores norte-americanos, após fazerem uma triagem, difundem, em seguida, à força, seus best-sellers e *blockbusters* para os mercados externos.

As indústrias culturais (filmes, televisão, música, livros...) fornecem uma excelente pista para a compreensão dos mecanismos em operação no cibermundo das tecnologias da informação e da comunicação. A indústria cultural funciona com base no princípio do *star-system*, magistralmente estudado por Françoise Benhamou.[2] Em um mundo que cremos aberto à diversidade, um número muito pequeno de obras ou de espetáculos se concretiza, quer se trate de filmes, de canções, de livros ou de exposições. As pessoas desejam ver a mesma coisa! E existem muitas razões para isso.

Quando a informação se torna abundante demais, o comportamento mimético passa a ser a melhor maneira de selecionar o que é pertinente (se um filme faz sucesso é porque ele é bom). Em seguida, a busca de aceitação social faz com que queiramos assistir aos mesmos filmes a que os outros assistem para podermos falar deles na manhã seguinte. Enfim, por essas razões, as técnicas promocionais apostam todas as suas fichas nos filmes em cartaz.

Esse *star-system* tem uma influência direta sobre o status do artista e sua remuneração. Um exemplo tomado emprestado de outro universo fará compreender a questão. Steve Levitt, em seu surpreendente livro *Freakonomics: O lado oculto e inesperado de tudo que nos afeta*, faz a pergunta: por que os traficantes de drogas vivem nas casas de suas mães? Sua resposta era a seguinte: porque não têm recursos para viver de outra maneira. Isso porque enquanto o chefe da quadrilha ganha (muito) bem, seus subordinados vivem miseravelmente. Por que, nesse caso, continuam sendo traficantes? Porque seu sonho é tornar-se chefe no lugar do chefe. Hoje, esse é o modelo de remuneração nas indústrias criativas. Os artistas vivem miseravelmente, salvo as estrelas. E todo mundo aceita isso, porque todo artista deseja tornar-se uma estrela. O *star-system* é um modelo em que o *winner takes all*, ou seja, "o vencedor leva tudo". Isso explica por que os patrões, vivendo no mundo das marcas e da notoriedade, acham "justo" que seus salários sejam determinados pelas regras desse mundo, esquecendo-se daquilo que dizia, em seu tempo, o banqueiro John Pierpont Morgan, para quem uma firma cujo diretor-executivo ganha mais do que 20 vezes o salário de seus empregados não pode funcionar bem. No entanto, a remuneração de um diretor, hoje, chega a superar 200 vezes o salário de seus empregados...

No universo cultural, a organização mundial do planeta estabelece uma divisão de tarefas entre Hollywood e as indústrias nacionais muito bem descrita por Tyler Cowen.[3] Hollywood aborda os sujeitos "universais": o dinheiro, o sexo e a violência para o público-mundo. Os produtores nacionais completam a oferta, adaptando a preços módicos esses grandes temas à realidade do país. Os franceses gostam de Sophie Marceau porque a conhecem desde pequena e porque ela faz parte do patrimônio nacional. Porém reverenciam Al Pacino ou Robert de Niro, que são como deuses do Olimpo, ao mesmo tempo longe dos homens e perto dos céus.[4] As estrelas de hierarquia intermediária, europeias por exemplo, não têm nenhuma relevância. O mundo das indústrias culturais vive sob um modo dual, do infinitamente próximo e do infinitamente longe. A mundialização cultural se resume a um duelo entre os produtores nacionais e os produtores norte-americanos. A produção nacional quase não teme a ameaça de "se abrir para o mundo", pois o inconveniente principal são as importações oriundas dos Estados Unidos.

O livro, que não é de nenhuma maneira o produto de um setor de alta tecnologia, é um bom exemplo desse processo. Quarenta por cento dos romances publicados são traduções: três quartos desse total são traduções do inglês.[5] O mesmo fenômeno ocorre na produção musical, onde se observa uma predominância de importação de títulos de língua inglesa semelhante à observada no mercado editorial. A televisão segue o mesmo padrão. O consumo de ficção em "horário nobre" na França é, principalmente, francês, mas a parte estrangeira é quase exclusivamente norte-americana.[6]

A morte de Malthus

É no campo da mundialização das imagens que a mais velha lei econômica do mundo, a lei de Malthus, termina. A transição demográfica, que pôs fim ao império da natalidade sobre os destinos humanos, parece diretamente ligada à difusão, pela televisão, do modelo "norte-americano" de mulher liberada. Tendo o ano 2050 como horizonte, os especialistas da ONU preveem que o conjunto de mulheres de todo o mundo estará alinhado pelos critérios ocidentais de natalidade de 1,85 criança em média. Segundo esses mesmos especialistas, esse fenômeno crucial parece ser mais bem explicado pela difusão de comportamentos culturais do que pela teoria econômica dos "custos/benefícios". A tese dos economistas segundo a qual a transição demográfica resulta de novas condições materiais – as mulheres que querem trabalhar têm menos filhos – não parece ser determinante. Observamos que tanto nas cidades quanto no campo as mulheres trabalham ou não. Em todos os lugares, os comportamentos demográficos estão à frente da realidade material, do mundo das imagens.[7]

O número de aparelhos de televisão parece, de fato, um determinante mais direto na queda demográfica do que o nível de renda ou de educação. A transição demográfica se produziu mais depressa em um país como o Brasil, grande consumidor de telenovelas, do que no México, onde o planejamento familiar sempre foi mais importante. Na Ásia, as jovens procuram se parecer com as japonesas, enquanto estas querem se parecer com as norte-americanas, o que contribui para que o Japão fique muito aquém dos limites de reprodução demográfica.[8] A evolução demográfica forma, por si só, a parte essencial da transição rápida do mundo rural, malthusiano, para o mundo moderno, urbano. É estarrecedor e notável que essa transformação se deva, em grande parte, à entrada das imagens e da comunicação no Terceiro Mundo.

O mundo virtual não é, contudo, um bom guia. O cibermundo é uma escola de esquizofrenia, oscilando entre a vida sonhada e a vida real, entre a violência virtual e a violência pura e simples. Ao terminar um jogo de videogame, as leis da vida cotidiana parecem rígidas para um adolescente. Atravessar uma rua torna-se uma tarefa aborrecida, porque não podemos desafiar a lei da gravidade.[9] A juventude deve se preparar para um aprendizado dos novos limites do planeta. O Império romano morreu porque permitiu que o mundo da produção se deixasse aprisionar em uma "rede de indiferença cognitiva". Hoje, a questão é manter o contato entre o cibermundo e o mundo propriamente dito e seus limites reais. Pelo número de jovens que aplaudiram o filme de Al Gore ou que militam em ONGs enquanto teclam um notebook, esse elo parece evidente. Para eles, uma nova construção mental está a caminho, ligando o mundo virtual e o ecossistema. É da força dessa reflexão que dependerá o advento do século XXI.

Conclusão

Desde a noite dos tempos, a humanidade caminhou sobre um fio, acossada por duas forças contrárias. O número de pessoas não para de crescer, sempre esbarrando na raridade das terras que as alimentam. Mas graças a seu próprio número, os homens multiplicam as descobertas, desbravam as fronteiras do saber e seguem seu caminho aumentando a densidade e a complexidade da vida social. Algumas vezes, civilizações se extinguem, caindo do lado perverso dessa equação. Impotentes para compreender o que lhes acontece, se consomem – seja lentamente, como o Império romano, seja brutalmente, como a civilização maia. O esquecimento dessas civilizações perdidas às vezes faz pensar que o homem sempre se dá bem, mas é unicamente pela omissão de casos em que ele não triunfou.

Mas aconteceu também, na verdade uma única vez na história, uma aceleração totalmente inédita de produção de saberes que permitiu a uma parte da humanidade enriquecer-se duradouramente. A possibilidade de um crescimento perpétuo nasceu assim, na Europa, em algum momento entre os séculos XII e XVIII, provocando um processo autocatalítico em que a riqueza parecia engendrar riqueza. É esse processo que hoje se difunde para o resto do planeta, provocando aquilo que se pode chamar de ocidentalização do mundo.

A prosperidade material é uma dádiva inesperada *a priori*. Ela faz desaparecer a fome, aumenta a expectativa de vida e reduz o tempo de trabalho necessário à produção de bens úteis ao homem. Do ponto de vista dos sentimentos morais, no entanto, trata-se de uma dádiva ambivalente. Ela tranquiliza a sociedade, mas faz suas exigências aumentarem. A fecundidade de Prometeu é constantemente neutralizada pela voracidade de sua cunhada, Pandora. A *image d'Épinal** de uma sociedade pacificada

* *Image d'Épinal*: relatos ingênuos e otimistas. A expressão francesa é inspirada nas chamadas gravuras de Épinal, peças gráficas populares comercializadas na França a

graças às virtudes do "suave comércio" não resiste à crítica. A erradicação da violência não foi provocada pelo desenvolvimento econômico. Das guerras religiosas do século XVI às guerras mundiais do século XX, a violência sempre reapareceu em resposta a seus próprios excessos.

É a vez de os países emergentes se irritarem, hoje, com os caminhos tortuosos que levaram ao mundo industrial e à civilização urbana. Para que consigam industrializar-se, devem condensar em algumas décadas as transformações que se fizeram em vários séculos nos países europeus. A explosão da violência que se manifestou nos anos 1990 revela a concentração de ressentimentos e ódios que será preciso neutralizar. Essa explosão não tem nada de "cultural", no sentido de Huntington. Muito antes dos mulás, Richard Wagner já denunciava "Paris, a Europa e o Ocidente" como um mundo "corrompido, comercial e frívolo que ainda não se encontra", ele acrescenta, "em nossa Alemanha provinciana, tão confortável com seu atraso". Ao contemplar o mundo atual, a Europa mal consegue se reconhecer no espelho que lhe é dado.

Porém, a história atual não é apenas uma repetição. Ela abre uma nova fronteira, a do cibermundo fabricado pelas novas tecnologias. As próprias guerras se tornaram virtuais. A "Terceira Guerra Mundial", a Guerra Fria, foi vencida pelos Estados Unidos sobre esse terreno do novo mundo pós-industrial. O projeto Guerra nas Estrelas, lançado por Ronald Reagan, demonstrou simbolicamente à União Soviética que ela havia perdido a guerra tecnológica contra a América. Sabendo-se incapaz de superar esse novo desafio, a União Soviética desabou sozinha, sem combater.

A violência do 11 de Setembro também pertence a essa violência do terceiro tipo, tal como analisada por Robert Muchembled, aquela que visa ao imaginário. Ao tentar atingir simbolicamente Wall Street e o Pentágono aos olhos de milhões de telespectadores, a Al-Qaeda declarou guerra aos Estados Unidos num terreno que, desde então, parece ser o único que vai importar, o mundo virtual. O próprio atentado foi organizado como um

partir do século XIX, cujo primeiro divulgador, Charles Pellerin, nasceu na cidade de Épinal. (N.T.)

filme hollywoodiano. O primeiro avião que se arrebentou contra uma das torres garantiu que o segundo seria filmado pelas emissoras de televisão de todo o mundo. O terrorismo da Al-Qaeda é furiosamente pós-moderno; ele foi, à imagem do mundo virtual, criado pela internet. A própria expressão "rede terrorista" ilustra essa nova dimensão da mundialização, capaz de conectar todos os pontos do globo. A Al-Qaeda encarna perfeitamente essa nova dimensão. Todos os jovens de origem muçulmana, quer vivam no Gujarat, na fronteira entre a Índia e o Paquistão, quer vivam nos subúrbios franceses, descobrem que pertencem a uma comunidade virtual que os arrasta para o pensamento das minorias exploradas, encurraladas em seus próprios países.

Numa nova linguagem, as perguntas postas no ciberespaço são sempre as mesmas: o que é viver entre os homens, qual a parte do "eu", qual a parte do "nós"?... Porém, o novo mundo da comunicação planetária redesenha os grupos de referência aos quais as pessoas se comparam. Ser feliz não significa mais simplesmente "ganhar mais do que o cunhado", mas nutrir-se de comparações com outras comunidades distanciadas no espaço e aproximadas pelas imagens. Os jovens que se fazem ver no Facebook domesticam, à sua maneira, esse novo espaço. Sonhando ser estrelas, fabricam, ciberneticamente, seus novos grupos de referência.

O 11 de Setembro provou que as violências do cibermundo não são menos assassinas do que as outras. No entanto, isso não é o mais grave. A pergunta central colocada pela nova era da comunicação planetária é saber se ela será capaz de responder à maior questão do século XXI: gerenciar a crise ecológica anunciada e transformar os hábitos de consumo ocidentais de modo a torná-los compatíveis com sua expansão para o resto do mundo.

No momento em que é tentada a evadir-se para o cibermundo, a humanidade deve realizar um esforço cognitivo tão imenso quanto o que foi realizado no tempo da revolução neolítica ou da Revolução Industrial: aprender a viver dentro dos limites de um planeta solitário. Pela primeira vez em sua história, a humanidade não pode mais se permitir corrigir seus erros depois. Deve percorrer mentalmente o caminho inverso ao percorrido pela Europa no século XVII e passar da ideia de um mundo infinito para a de um universo fechado. Esse esforço não é nem impossível nem mesmo improvável, simplesmente é incerto.[1] Essa incerteza tornou-se um peso para a história humana no momento mesmo em que ela, pela primeira vez, se vê diante do destino de se tornar uma única civilização.

Notas

1. Gênese (p.23 a 30)

1. Jacques Cauvin, *Naissance des divinités, naissance de l'agriculture: La révolution des symboles au néolithique*, Paris, CNRS, 1994.
2. Joel Mokyr, *The Lever of Riches: Technological Creativity and Economic Progress*, Oxford, Oxford University, 1990.
3. Aldo Schiavone, *Le destin brisé: La Rome antique et l'Occident moderne*, trad. franc., Paris, Belin, 2003.
4. Idem.
5. Idem.
6. Idem.

2. Nascimento do mundo moderno (p.31 a 41)

1. Henri Mendras, *La fin des paysans* [1967], Actes Sud, 1984.
2. Ver Douglas North & Robert Thomas, *The Rise of the Western World: A New Economic History*, Cambridge University, 1973.
3. Jacques Le Goff, *Un autre Moyen Âge*, Paris, Gallimard, Col. Quarto, 1999.
4. Ronald Findlay e Kevin O'Rourke, *Power and Plenty: Trade, War and the World Economy*, Princeton University, 2007.
5. Roger Pol Droit, *L'Occident expliqué à tout le monde*, Paris, Seuil, 2008.
6. Aldo Schiavone, *Le destin brisé: La Rome antique et l'Occident moderne*, trad. franc., Paris, Belin, 2003.
7. Alexandre Koyré, *Du monde clos à l'univers infini*, Paris, PUF, 1962; Gallimard, Col. Tel, 1988.
8. Eric Jones, *The European Miracle*, Cambridge University, 1981.
9. Mesmo considerando que em toda a Europa um bom número de privilégios senhoriais continuaria existindo até a Revolução Francesa.
10. Robert Muchembled, *Une histoire de la violence*, Paris, Fayard, 2008.
11. Norbert Elias, *La civilisation des moeurs* [1939], trad. franc., Paris, Calmann-Lévy, 1973 [ed. bras.: *O processo civilizador*, 2 vols., Rio de Janeiro, Jorge Zahar, 1990 e 1993, respectivamente]. Elias atribui o processo civilizador aos códigos de civilidade impostos à corte do rei. Muchembled relativiza o alcance dessa explicação mostrando que o processo foi, em sua maior parte, um fenômeno urbano. As cidades fizeram

aparecer uma "terceira via", entre o universo dominante dos aristocratas e o dos camponeses. Em matéria de violência, os lugares públicos são mais bem controlados nas cidades, e as mais prósperas não podem tolerar a violência sem que sua reputação fique abalada. A idade de ouro das cidades foi vivida até meados do século XVI, antes de serem aprisionadas pelas tenazes do Estado.

12. Gabriel Ardant, *Histoire de l'impôt*, 2 vols., Paris, Fayard, 1971. Ardant nota que "em nenhum lugar o governo das cidades mediterrâneas assistiu ao nascimento de um regime representativo. Nem mesmo os teóricos da ciência política da Antiguidade concebiam essa possibilidade".
13. A história dos Tudor mostra como essa dinâmica foi colocada em prática. Para aumentar seus rendimentos (e eventualmente se casar), Henrique VIII rompeu com o papa e se apropriou das cobiçadas riquezas da Igreja. Essa ação permitiu liberá-lo de suas restrições orçamentárias, mas diminuiu sua legitimidade, tornando mais necessária ainda a sanção do Parlamento. Sua filha, Elisabeth, resolveria suas dificuldades de orçamento comandando pessoalmente os empreendimentos de pirataria "oficial", que tornariam ainda mais conflituosas as relações entre os estados-gerais e seriam uma alternativa à constituição de uma forte burocracia, capaz de aumentar os impostos.
14. O principal mérito da Revolução Gloriosa de 1688 foi acabar com as guerras civis inglesas. Foi uma revolução para as camadas altas, sem alcance imediato para o povo em matéria de direitos democráticos.
15. Voltaire se maravilha com a revolução britânica nos seguintes termos: "O sangue de Carlos I ainda estava quente quando o Parlamento inglês, ainda que composto essencialmente por fanáticos, votou o *Navigation Act*" (em 1651), que instituiu a propriedade intelectual.
16. Quinn, "The glorious revolution's effect on British private finance: A microhistory: 1680-1705", *The Journal of Economic History*, vol.61, n.3, 2001, p.593-615.
17. Jean-Laurent Rosenthal criticou também a ideia de que os direitos de propriedade rural estavam na origem do crescimento inglês. A seus olhos, seria, de fato, o contrário. Os aristocratas ingleses, proprietários de terras, frequentemente bloqueavam por motivos econômicos investimentos que, na verdade, eram úteis, como algumas iniciativas no domínio da irrigação. O debate entre os ocupantes de terra de North e Weingast, que colocam as reformas institucionais no coração da dinâmica inglesa, e seus oponentes, que insistiram em outros fundamentos, tais como a ciência ou a educação, está longe de terminar. Ver, por exemplo, para uma exposição do primeiro campo, Avner Greif, *Institutions and Path to the Modern Economy: Lessons from Medieval Trade*, Cambridge University, 2006. O campo adversário conta com Gregory Clark, *Farewell to Alms*, Princeton University, 2007. A comparação entre o desenvolvimento chinês e o desenvolvimento europeu oferecerá outro campo de batalha para essas escolas.
18. Jared Diamond sublinha ainda o papel desempenhado pela exportação de epidemias durante o sucesso dos militares europeus no além-mar em *Guns, Germs and Steel*, Nova York, Norton, 1997; *De l'inegalité entre les nations*, trad. franc., Paris, Gallimard, 2000.

3. A lei de Malthus (p.42 a 47)

1. A expressão "economia política" foi inventada em 1615 por Antoine de Montchrestien, autor pertencente à escola dos chamados mercantilistas. Para esses autores, o comércio e a indústria são as fontes da riqueza, que devem ser favorecidas pelo que se chama, hoje, de política industrial e de protecionismo. Os mercantilistas negligenciaram a questão agrícola, pelo que seriam censurados no século XVIII pelos autores que se denominavam fisiocratas, cujo expoente foi François Quesnay.
2. Thomas Malthus, *Essai sur le principe de population* [1798], Seghers, 1963.
3. Richard Cantillon, *Essai sur la nature du commerce en général*. Publicado em Londres em 1755, esse livro foi escrito (em francês) por volta de 1730, reed. Ined, 1952.
4. Gregory Clark, *Farewell to Alms: A Brief Economic History of the World*, Princeton University, 2007. [O título *Farewell to Alms* (Adeus às almas) faz um trocadilho com o clássico *Farewell to Arms* (Adeus às armas), do escritor norte-americano Ernest Hemingway, brincando com a palavra "alm(e)s", que, no inglês medieval, significava "esmola" ou "caridade". Trata-se de uma alusão ao pragmatismo da economia moderna. (N.T.)]
5. Esse longo tempo da história passou, evidentemente, ao largo do fato de que certas civilizações cresceram, às vezes por muito tempo, sob a armadilha malthusiana antes de serem apanhadas por ela. Para o historiador, esses tempos de exceção têm, evidentemente, mais peso do que a regra monótona que a todos submerge.
6. Os salários ingleses vão mais do que duplicar após a Grande Peste, antes de voltarem, lentamente, ao nível inicial.
7. Ver Gregory Clark, op.cit.
8. Outra explicação diz respeito ao fato de que uma civilização pode atingir o auge resplandecente antes de cair na armadilha malthusiana. A lembrança que ela deixará nos anais da história será a de seus melhores anos, e não de seu declínio.
9. Quando se leem os antropólogos, a infinita variedade dos dispositivos que regem a vida sexual não parece nunca verdadeiramente ligada à questão demográfica (essa observação foi feita por Paul Yonnet, *Le recul de la mort*, Paris, Gallimard, 2006). Na França do século XVII, uma mulher que se casasse aos 20 anos teria 9,1 filhos, em média. Na Inglaterra, que é o país onde as taxas são mais baixas, as mulheres casadas aos 20 anos teriam 7,6 filhos. Nos dois casos, os casais, uma vez constituídos, não pareciam adotar estratégias contraceptivas. Os nascimentos precoces não reduziam, por exemplo, o número de crianças colocadas no mundo em seguida. A razão pela qual a fecundidade europeia foi, em média, mais baixa do que o máximo biológico deve ser buscada fora do casal. O casamento tardio ou mesmo a ausência de casamento foi a regra para um número expressivo de mulheres. Esse casamento tardio frequentemente se deveu às dificuldades de instalação do casal. Existia, portanto, uma retroação do ciclo econômico sobre o ciclo demográfico. Mas quando a condição material melhorava, o casamento avançava e a armadilha malthusiana se fechava sobre as sociedades em crescimento.

10. As razões para a desaceleração demográfica francesa foram atribuídas, durante muito tempo, ao Código Civil napoleônico, que criava a obrigação de dividir igualmente as heranças. Isso gerava uma pressão para que o número de crianças fosse reduzido, a fim de não dispersar o patrimônio. A desaceleração demográfica francesa precedeu, no entanto, a criação do Código Civil, mas o raciocínio permaneceu. Desejando tratar seus filhos com igualdade, antes que a lei os obrigasse a isso, os franceses já se reduziam em número.

4. Prometeu desacorrentado (p.48 a 54)

1. O debate acerca da datação da Revolução Industrial causa furor entre os historiadores. As primeiras estimativas do crescimento econômico inglês, propostas por Deane e Cole, acusaram uma ruptura brutal: entre 1760 e 1800, o crescimento dos rendimentos *per capita* foi de 0,5% ao ano. De 1800 a 1830, passou a 1,6% ao ano. Os novos dados propostos por Crafts reduzem esses números em dois terços. O crescimento não teria passado de 0,17% ao ano entre 1760 e 1800. E passou para 0,5% entre 1800 e 1830. É preciso esperar até 1830-70, de acordo com esse autor, para que se atinjam os quase 2% de média anual. O desacordo é menor, todavia, no que diz respeito ao crescimento industrial em si. Este passou de 1,2% a 4,4%, conforme Deane e Cole, entre os dois períodos. Para Crafts, passou de 1,96% a 3%. A divergência refere-se, portanto, menos ao crescimento industrial do que a seu impacto sobre o crescimento do conjunto. A economia britânica viu sua estrutura se modificar brutalmente. A parte de emprego agrícola masculino passou de 61% em 1700 para 53% em 1760, 41% em 1800 e 29% em 1841. No setor industrial, as indústrias modernas canibalizaram as antigas (do couro, da lã, do linho). O impacto da indústria sobre a economia, em seu conjunto, não se tornou verdadeiramente palpável até 1840. O emprego industrial da mão de obra masculina ultrapassou um terço em 1800 e foi quase a metade em 1840. Ver o resumo apresentado por Ronald Findlay e Kevin O'Rourke em *Power and Plenty. Trade, War and the World Economy*, Princeton University, 2007.
2. Ver Patrick Verley, *La révolution industrielle*, Paris, Gallimard, Col. Folio, 1997.
3. Ver François Caron, *Le résistible déclin des sociétés industrielles*, Paris, Perrin, 1985.
4. Joel Mokyr, *The Gifts of Athena: Historical Origins of the Knowledge Economy*, Princeton University, 2002.
5. A eletricidade também ilustra a maneira pela qual a experimentação de tecnologias novas e a ciência fundamental se complementam. Faraday demonstrou a possibilidade de gerar eletricidade por meios mecânicos em 1831. Contudo, seria preciso esperar os anos 1870 para que a revolução elétrica acontecesse. O próprio Edison, um de seus pioneiros, não era cientista, mas empregava Francis Upton, doutor em ciências de engenharia, e Herman Claudius, que tinha doutorado em eletricidade. Como no caso da máquina a vapor, a base dos conhecimentos científicos só se

expandiria 20 anos mais tarde, quando a teoria dos elétrons foi elaborada. Porém, no caso da termodinâmica, serão as descobertas científicas que permitirão levar adiante as descobertas iniciais, evitando que se perdessem.

6. Uma revolução agrícola importada dos Países Baixos teve início a partir de meados do século XVIII. Ela permitiu a diminuição das terras em descanso, tornando possível um rodízio inédito de culturas. Tal revolução agrícola justificou, na verdade, a inclinação dos fisiocratas pela agricultura. Ela deu uma trégua ao século XVIII, mas seus efeitos não foram suficientes para que a população duplicasse.
7. Em 1815, 60% da produção de têxteis de algodão era exportada. Entre 1780 e 1831, a indústria cresceu 235%, ou seja, duas vezes mais rapidamente do que o PIB total. Ver Ronald Findlay e Kevin O'Rourke, op.cit.

5. O crescimento perpétuo (p.55 a 63)

1. Pierre Rosanvallon analisou essa previsão em *Le capitalisme utopique*, Paris, Seuil, 1989.
2. "A soberba, a inveja e a avareza são as três centelhas que acendem o coração dos homens", Dante, *Inferno*, VI, v.74-75.
3. Karl Marx, *O capital*, Paris, GF-Flammarion, 1985.
4. Marx & Engels, *O manifesto comunista*, Paris, GF-Flammarion, 1998.
5. O inglês Alfred Marshall e o francês Léon Walras estão entre os fundadores da teoria neoclássica.
6. A ideia de exército industrial de reserva não é essencial para que se entenda a origem dos lucros. O fato de o pleno emprego ser possível não implica que ele seja necessário. Será necessário esperar a obra de Keynes, que examinaremos no Cap.7, para compreender essa lógica.
7. Robert Solow, "A contribution to the theory of economic growth", *The Quarterly Journal of Economics*, 1956.
8. Michael Kremer, "Population, growth and technological change: one million B.C. to 1990", *The Quarterly Journal of Economics*, 1993.
9. Os principais textos de Paul Romer são: "Crazy explanations for the productivity slowdown", *NBER Macroeconomic Annuals*, 1987; "Capital accumulation in the theory of Long Run Growth." in *Modern Business Cycles Theory*, Robert Barro (org.), Harvard University, 1991; "Increasing returns and Long Run Growth", *Journal of Political Economy*, 1986. O outro artigo fundador deve-se a Robert Lucas, "On the mechanics of economic development", *Journal of Monetary Economics*, jul 1988.
10. Joseph Schumpeter, *Capitalismo, socialismo, democracia* [1942], Payot, 1984. A renovação das teorias do crescimento schumpeterianas se deveu em grande parte aos trabalhos de Philippe Aghion e Peter Howitt expostos no livro *Endogenous Growth*, MIT, 1997. E a Gene Grossman e Elhanan Helpman, em *Innovation and Growth in the Global Economy*, MIT, 1995. O artigo de P. Aghion, N. Bloom, R. Blundell, R. Griffith e P. Howitt, "Competition and innovation: An inverted-U relationship", *The Quarterly*

Journal of Economics, vol.120 (2), p.701-28, modera o entusiasmo schumpeteriano pelos monopólios, demonstrando que um desvio muito grande entre o líder e seus imitadores pode desestimular a inovação por falta de combatentes.

6. As consequências econômicas da guerra (p.67 a 74)

1. Sobre todos esses pontos, veja-se Christian Baechler, *La République de Weimar*, Fayard, 2007. Ver também Heinrich Winkler, *Histoire de l'Allemagne XIX-XXe siècle: Le long chemin vers l'Occident*, 2000, trad. franc., Paris, Fayard, 2005.
2. Heinrich Winkler, op.cit.
3. Christian Baechler, op.cit.
4. Em 1910, 60% dos alemães viviam em comunas de mais de 2 mil habitantes contra 36,1% em 1871; e 21,3% em cidades com mais de 100 mil habitantes contra 4,8% em 1871.
5. Christian Baechler, op.cit.
6. Diversos historiadores e sociólogos enfatizaram esse hiato entre o sistema de valores tradicional da sociedade prussiana e os desenvolvimentos da sociedade moderna como uma possível causa da ascensão do totalitarismo. Ver Ian Kershaw, *Qu'est-ce que le nazisme?*, Paris, Gallimard, Col. Folio, 1997.
7. O índice de produção industrial (base 100 em 1928) foi de 98 em 1913, caiu para 37 em 1919, mas subiu outra vez para 70, em 1922.
8. Em 10 de janeiro de 1925, expirou a cláusula de nação mais favorecida outorgada sem reciprocidade aos aliados pelo Tratado de Versalhes, o que também contribuiu para a recuperação da confiança.
9. O índice de produção industrial passou de 100, em 1929, para 58, em 1932, e 66, em 1933.
10. Em julho de 1932, apenas um eleitor católico em sete votava no Partido Nazista, enquanto 40% dos não católicos contribuíam com seus votos. A resistência católica se enfraqueceu em março de 1932, mas a afinidade dos não católicos com o Partido Nazista continuou duas vezes superior (*per capita*). Um pouco menos decisiva foi a oposição entre a cidade e o campo, onde o Partido Nacional-Socialista teve melhores resultados – em julho de 1932, 34% dos eleitores votaram NSDAP nas pequenas comunas, não passando de 28% nas grandes comunas.

7. A Grande Crise e suas lições (p.75 a 84)

1. John Kenneth Galbraith, *La crise économique de 1929*, Paris, Payot, 1970.
2. Calculando os dados desse período, o National Bureau of Economic Research assinalou que a economia já mostrava sinais de debilidade no início do verão de 1929. A produção de aço vinha declinando desde junho. Em outubro, o índice de produção industrial se situava em 117, contra os 126 de quatro meses antes. A construção ci-

vil, que já vinha se contraindo há diversos anos, declinou ainda mais em 1929. Ver Bernard Gazier, *La crise de 1929*, Paris, PUF, Col. Que Sais-je?, 1985.

3. O raciocínio descrito ecoou, em parte, uma análise que já tinha sido proposta pelo economista de Chicago Irving Fisher, em 1933, sob a denominação de *debt deflation* [deflação de débito]. Fisher insistia no impacto da baixa dos preços sobre a solvência dos emprestadores. Entre 1929 e 1933, os preços ao consumidor caíram um terço; os preços no atacado, 40%. As empresas, desesperadas para encontrar compradores, sedentas de liquidez, baixaram seus preços de venda para atrair clientes. Em valor, a atividade se contraiu, na verdade, duas vezes: pela queda da atividade e pela queda dos preços. Uma unidade familiar cujos rendimentos e dívida valiam 100 em 1929 se encontraria três anos mais tarde com uma dívida que valeria ainda 100, mas com um rendimento em torno de 30. Relacionada ao rendimento das unidades familiares ou ao número de negócios das empresas, a dívida se tornou três vezes mais pesada do que antes da crise. As unidades familiares e as empresas que não conseguiam mais honrar suas dívidas tornavam-se inadimplentes. Para dar um exemplo extremo, em Cleveland, 60% das unidades familiares não foram capazes de saldar seus créditos hipotecários. Suas dificuldades eram as mesmas das empresas, sobretudo as pequenas.
4. J.M. Keynes, *Théorie générale de l'emploi, de lintérêt et de la monnaie* [1936], trad. franc., Paris, Payot, 1942. *Teoria geral do emprego, dos juros e da moeda.*
5. J.M. Keynes, *Essays in persuasion*. Ensaios publicados por Keynes nos anos 1920 e reunidos em 1931. Nova York, Norton & Co., 1963.
6. Keynes se alia aqui a Malthus, que havia travado uma polêmica da mesma natureza com Ricardo. O raciocínio de Malthus pode ser resumido desta maneira: os trabalhadores comem, os capitalistas poupam, os proprietários de terra gastam. Se os proprietários de terras desaparecessem, a máquina capitalista se transformaria em uma acumulação indefinida de riquezas que ninguém consumiria jamais... Não seria ilógico deduzir que a acumulação se interromperia um dia por falta de oportunidades. A resposta de Ricardo a Malthus foi bastante dogmática. "O senhor Malthus parece ignorar", escreve ele, "que poupar é necessariamente gastar." Para Ricardo, se os agentes poupam, isso significa, de fato, ou que eles compram títulos ou que compram ouro (para entesourar). Caso comprem títulos, estes foram ou emitidos pelo Estado para financiar seus déficits, logo, suas despesas, ou então foram emitidos pelas empresas para financiar seus investimentos. Nos dois casos, a poupança financia as despesas. Se o ouro, ao invés disso, fosse comprado e entesourado, explicaria Ricardo a Malthus, isso seria como comprar "joias", o que não modificaria em nada a lei de Say.

8. A Idade de Ouro e sua crise (p.85 a 90)

1. Jean Fourastié, *Les 30 Glorieuses*, Paris, Fayard, 1979; Hachette Littératures, Col. Pluriel, 2004.

2. W. Baumol e W. Bowen, *Performing Arts: The Economic Dilemma*, The Twentieth Century Fund, 1966.
3. Philippe Askenazy, *Les désordres du travail*, Paris, Seuil, Col. La Republique des Idées, 2002.
4. Éric Maurin, *L'Égalité des possibles*, Paris, Seuil, Col. La Republique des Idées, 2002.
5. Imitar um esquema de crescimento é, *a priori*, mais fácil do que inventá-lo. O que não significa que basta querer para poder. A China e a Índia hoje estão engajadas, cada uma à sua maneira, em um esquema cujo objetivo é alcançar os países líderes. Os analistas, no entanto, acreditam há muito tempo que essa meta é impossível. No caso europeu, muitas missões de produtividade foram enviadas aos Estados Unidos. Hoje, entre os chineses, os investimentos diretos desempenham um papel importante.

9. O fim das solidariedades (p.91 a 103)

1. Robert Delorme e Christine André, *L'État et l'économie*, Paris, Seuil, 1983.
2. Ver Brigitte Dormont, *Les dépenses de santé, une augmentation salutaire?*, Paris, Rue d'Ulm, Col. Cepremap, 2009.
3. Kenneth Arrow, "Uncertainty and the welfare economics of medical care", *The American Economic Review*, 1963.
4. Esses estudos foram citados na pesquisa de Aaron "Economic aspects of the role of government in health care", in J. Van der Gaag e M. Perlman (orgs.), *Health, Economics and Health Economics*, Amsterdã, North Holland, 1981.
5. Paul Samuelson, "An exact consumption loan model with or without social contrivance of money", in *Journal of Political Economy*, 1958. Maurice Allais, *Économie et intérêt*, Paris, Imprimerie National, 1947.
6. Richard A. Easterlin, "Does economic growth improve the human lot?", in Paul A. David e Melvin W. Reder (orgs.), *Nations and Households in Economic Growth: Essays in Honor of Moses Abramovitz*, Nova York, Academic Press Inc., 1974.
7. A inveja não é, no entanto, o único motivo de comparação que os indivíduos compartilham. Albert Hirschman compara o consumidor a um motorista preso em um engarrafamento. Quando a fila do vizinho se desbloqueia, ele no início se sente aliviado com a promessa de se ver, muito em breve, desobstruído. Mas se ele continua encurralado em uma fila que não avança, irrita-se e pode ficar violento, trocando de fila mesmo que corra riscos. Fala-se também de um "efeito túnel" quando a comparação com outros permite inferir informações que remetem ao campo das possibilidades. Saber que o vizinho tem uma televisão colorida nos faz desejar também ter uma simplesmente porque sabemos que ela existe. Se não temos meios de adquiri-la, o ódio ao outro pode aumentar. Andrew Clark e Claudia Senik passam em revista as análises contemporâneas nesse setor em *27 Questions d'économie contemporaine*, Albin Michel, 2008.

10. A guerra e a paz (p.104 a 112)

1. N.D. Kondratiev, "The long waves of economic life", traduzido de um artigo russo escrito em 1925, reproduzido em Julian M.K. Snyder (org.), *The Long Wave Cycle*, Richardson e Snyder, 1984.
2. Gaston Imbert, *Des mouvements de longue durée Kondratieff*, Aix-en-Provence, La Pensée Universitaire, 1959.
3. Ver a coletânea *La longue stagnation en France, l'autre Grande Dépression, 1873-1897*, Yves Breton, Albert Broder e Michel Lutfalla (orgs.), Paris, Economica, 1997.
4. Gaston Imbert, op.cit.
5. Alec L. Macfie, "The outbreak of War and the trade cycle", *Economic Journal*, Economic History, fev 1958.
6. Joseph Schumpeter, *Imperialism and Social Classes*, Nova York, Kelley, 1951.
7. Paul Kennedy, *The Rise and Fall of the Great Powers*; *Naissance et déclin des grandes puissances*, trad. franc., Paris, Payot, 1989.
8. Philippe Martin, Thierry Mayer e Mathias Thoenig, *La mondialisation est-elle un facteur de paix?*, Rue d'Ulm, Col. Cepremap, 2006.
9. Albert Hirschman, *Shifting Involvement: Private Interest and Public Action* [1982], Princeton University; *Bonheur privé, action publique*, trad. franc., Paris, Fayard, 1983.
10. Ernest Gellner, *Nations et nationalismes* [1982], trad. franc., Paris, Payot, 1989.
11. Citado por Heinrich Winkler, *Histoire de l'Allemagne XIX-XXe siècle: Le long chemin vers l'Occident* [2000], trad. franc., Paris, Fayard, 2005.

11. O retorno da Índia e da China (p.115 a 134)

1. Kenneth Pomeranz, *The Great Divergence, China, Europe and the Making of the Western World Economy*, Princeton University, 2000.
2. Versão resumida: *La science chinoise et l'Occident*, Paris, Seuil, 1977.
3. A ideia de uma separação entre o capital social de um empreendimento, a pessoa moral e a pessoa física que o detém ainda não estava formada na China. Lá o capital mercantil está associado a uma família. Mas o capitalismo familiar, do tipo "asiático", também foi durante muito tempo a forma dominante na Europa, à exceção de uns poucos setores. Foi, na verdade, para o comércio com o além-mar que os europeus usaram a sociedade por ações, separando a personalidade moral da firma da personalidade de seu proprietário. Em todo caso, o desenvolvimento industrial da Inglaterra no setor têxtil ou na siderurgia não foi financiado por mercados financeiros. O custo, pouco expressivo, desses investimentos era facilmente financiado pelas famílias. Sobre esse ponto, ver também Jack Goody, *L'Orient en l'Occident*, trad. franc., Paris, Seuil, 1999.
4. A fragmentação política não contribuiu para diminuir o sistema fiscal europeu sob os efeitos do que poderia ser chamado de um "*dumping* fiscal" entre os Estados. As

taxas de imposição inglesas, entre 15% e 20% segundo os autores, estavam entre as mais altas da Europa entre 1688 e 1800. O Império indiano dos mogóis requeria recursos fiscais comparáveis aos da Inglaterra, mas isso era uma exceção. A China coletava duas vezes menos impostos [do que a Inglaterra]. Não se pode afirmar tampouco que o Estado inglês era mais "responsável" do que os outros em matéria de gastos. Os dois Estados absolutistas da Europa continental, Espanha e França, dispunham de recursos fiscais muito mais escassos. Em qualquer das hipóteses, 83% dos gastos públicos ingleses eram militares.

5. De fato, era muito mais difícil comprar ou vender terras na maior parte da Europa do que na China. Apenas algumas regiões, como a Holanda, a Lombardia e a Suécia, podiam ser consideradas livres de entraves nesse domínio. Mesmo no século XIX, 58% das terras inglesas estavam ocupadas, de acordo com Pomeranz, por grupos familiares, o que dificultava suas vendas.
6. Os movimentos migratórios em direção às terras mais férteis e menos densamente povoadas foram muito mais lentos na Europa do que na China. Ainda que o benefício para um jovem inglês de migrar para a Nova Inglaterra pudesse ter sido considerável (uma década de expectativa de vida adicional, por exemplo, na altura de 1700), as migrações foram, durante muito tempo, bem pouco expressivas.
7. O progresso chinês em matéria metalúrgica já permitia a produção de 125 mil toneladas de ferro fundido a partir do século XI, número que seria atingido na Inglaterra apenas sete séculos mais tarde.
8. David Landes, "Why Europe and the West? Why not China?", *Journal of Economic Perspectives*, 20(2), 2006, p.3-22.
9. Étienne Balazs, *La bureaucratie céleste*, Paris, Gallimard, 1968.
10. Erik Izraelewicz, *Quand la Chine change le monde*, Paris, Grasset, 2005.
11. A corrupção também desempenhou aqui seu papel entre as razões para se deixarem zonas cinzentas em matéria de propriedades rurais.
12. Ver também Jacqueline Tsai, *La Chine et le luxe*, Paris, Odile Jacob, 2008.
13. As principais vitórias contra a pobreza foram obtidas durante os anos 1980. Enquanto a população chinesa passava de 981 milhões, em 1980, para 1.162 bilhões, em 1992, o número de pobres declinava da faixa dos 360-530 milhões, em 1980, para a de 158-192 milhões, em 1992.
14. Ver os trabalhos de Thomas Vendryes, "Land rights and rural urban migration in China", École d'Économie de Paris, resumo publicado em *China Perspectives*, n.2008/2, 2008.
15. David Smith, *Growling Tiger, Roaring Dragon*, Vancouver, Douglas & McIntyre, 2007.
16. A barreira que limitava a 40% a parte de capital que investidores estrangeiros poderiam deter foi diminuída. A propriedade estrangeira passou a ser autorizada até um nível de 51%, no início, timidamente, em apenas 34 indústrias. Mas a propriedade de 100% do capital foi autorizada para os investimentos estrangeiros destinados a zonas dedicadas às exportações (como se fará também na China).
17. Christophe Jaffrelot, *La démocratie en Inde*, Paris, Fayard, 1998.

12. O fim da história e o Ocidente (p.135 a 145)

1. Francis Fukuyama, *La fin de l'histoire et le dernier homme*, trad. franc., Paris, Flammarion, 1992.
2. Samuel Huntington, *Le choc des civilisations*, trad. franc., Paris, Odile Jacob, 2000.
3. Fukuyama frequentemente respondeu a seus críticos dizendo que não ignorava os riscos do mundo atual, mas que o tema que estava estudando era o dos modelos políticos disponíveis. Fica a pergunta sobre se esse modelo tem algum valor preditivo para ajudar a projetar o futuro.
4. Arjun Appadurai, *Géographie de la colère*, trad. franc., Paris, Payot, 2007.
5. Amy Chua, *Le monde en feu*, trad. franc., Paris, Seuil, 2007.
6. Hannah Arendt, *Les origines du totalitarisme*, reed. Seuil, Col. Points, 2005 [ed. bras.: *As origens do totalitarismo*, São Paulo, Cia. das Letras, 1997].
7. Essa foi a interpretação que a Revolução Francesa deu ao conceito de nação. A Revolução Inglesa, diferentemente, instaurou a ideia de uma igualdade de direitos e de deveres de um conjunto de cidadãos. No caso inglês, esses direitos estariam confinados durante muito tempo a uma elite que poderia relacionar-se de igual para igual com o rei.
8. Ian Kershaw, *Qu'est-ce que le nazisme?*, Paris, Gallimard, Col. Folio, 1997.
9. Ian Kershaw acrescentou que, uma vez no poder, os nazistas não mudariam em nada as regras do jogo social: "As 'áreas protegidas', tais como a grande indústria, a função pública e o exército, continuaram a recrutar a maior parte de seus quadros dirigentes nos mesmos estratos sociais de antes de 1933." Assim se explica também o crescimento da violência direcionada contra as minorias: "A decepção de boa parte das aspirações sociais sob o III Reich foi compensada, até certo ponto, pela canalização das energias para um ativismo contra as minorias impotentes e aviltadas, contra os párias excluídos por motivos sociais ou raciais da comunidade nacional", in *Qu'est-ce que le nazisme?*, op.cit.
10. Paul Collier, *The Bottom Billion*, Oxford/Nova York, Oxford University, 2007.
11. Daron Acemoglu, Simon Johnson e James A. Robinson, "The colonial origins of comparative development: an empirical investigation", *American Economic Review*, 91(5), 2001, p.1369-401.
12. Essa observação foi feita por Edward Glaeser, Rafael La Porta, Florencio Lopez de Silanes e Andrei Shleifer em "Do institutions cause growth?", *Journal of Economic Growth*, 2004, v.9(3), p.271-303. O artigo, escrito em resposta à análise de Acemoglu et al., mostra que o legado institucional é muito mais errático do que o previsto. O oportunismo político dos dirigentes desempenha, aqui, um papel essencial.
13. Ian Buruma e Avishai Margalit, *L'Occidentalisme*, trad. franc., Paris, Climats, 2006 [ed. bras.: *Ocidentalismo: O Ocidente aos olhos de seus inimigos*, Rio de Janeiro, Jorge Zahar, 2006].
14. A ideologia baassista dos governantes sírios e iraquianos, elaborada durante os anos 1930-40, é uma síntese do fascismo com uma nostalgia romântica por uma comu-

nidade árabe orgânica. Sak Husri, um dos inspiradores do movimento, estudou detalhadamente os pensadores românticos alemães, como Fichte e Herder, que lutavam contra o espírito francês do Iluminismo, contrapondo a este a "nação popular e orgânica enraizada no sangue e na terra". [O Baas (também grafado *Ba'ath* ou *Ba'as*) é um partido socialista árabe fundado na Síria. Prega a unificação dos diversos Estados árabes em uma grande nação. Baas significa "ressurreição" ou "renascimento". (N.T.)]

15. Albert Memmi, *Portrait du colonisé*, pref. de Jean-Paul Sartre, Paris, Gallimard, 1957.
16. Robert Muchembled, *Une histoire de la violence*, Paris, Fayard, 2008.

13. A crise ecológica (p.146 a 156)

1. Retomo, aqui, as cifras e o raciocínio propostos por Jeff Sachs em *Commonwealth*, Nova York, Penguin, 2008.
2. Lester Brown, *Le plan B*, trad. franc., Paris, Hachette Littératures, Col. Pluriel, 2007.
3. Uma das causas dos problemas alimentares do mundo diz respeito ao fato de que, daqui para a frente, a nutrição e os combustíveis estarão em competição pelas terras aráveis. Entre 2000 e 2005, a produção mundial de etanol passou de 14 a 37 milhões de toneladas. O Brasil atende a 40% de suas necessidades produzindo etanol a partir da cana-de-açúcar. O que é, evidentemente, ridículo é que essa indústria é subvencionada pelos governos.
4. Em 2005, a produção mundial se estabeleceu em 30,5 bilhões de barris. A descoberta de novas jazidas está limitada a 7,5 bilhões.
5. A equação química do aquecimento climático é relativamente simples. Um combustível fóssil é composto por átomos de carbono e de hidrogênio em proporções variáveis. O carvão, por exemplo, é formado predominantemente por carbono e por um pouco de hidrogênio: trata-se do fóssil mais perigoso do ponto de vista do aquecimento. O petróleo é essencialmente constituído de CH_2, uma molécula de carbono por duas moléculas de hidrogênio. O gás natural é formado de CH_4. Quando um combustível fóssil queima, o carbono se combina com o oxigênio para formar o CO_2, o gás carbônico, desde que o hidrogênio combine com o oxigênio para formar H_2O, a água. Queimar uma árvore produz mais ou menos o mesmo efeito.
6. A Organização Meteorológica Mundial (OMM) e o Programa das Nações Unidas para o Meio Ambiente (Pnuma) criaram, em 1988, o Grupo de Peritos Intergovernamental sobre a Evolução do Clima (Giec), do qual podem participar todos os membros da ONU e da OMM. O quarto relatório, tornado público em 2007, discute com profundidade as causas do aquecimento climático e seus remédios.
7. Erik Orsenna dedica a esse problema um livro esclarecedor: *L'Avenir de l'eau: Petit précis de mondialisation, 2*, Paris, Fayard, 2008.
8. Lester Brown, op.cit.

9. O custo, em termos de eletricidade, da redução das emissões de carbono em relação às tendências atuais poderia se situar entre dez dólares e 50 dólares por tonelada de CO_2, ou seja, de um dólar a cinco dólares por kwh (Jeff Sachs, op.cit.).

14. A crise financeira (p.157 a 169)

1. "Credibilidade" é um termo-chave que emerge dessa época. Em uma palavra, ser "credível" é fazer o que se diz que se fará, mesmo que isso seja desagradável. A dissuasão nuclear é credível se o inimigo acredita que seu adversário não hesitará em apertar o botão, mesmo que isso leve a desgastes gigantescos. Um banco central é credível se tivermos a certeza de que ele imporá uma política rigorosa no momento certo, mesmo que isso provoque um aumento drástico da impopularidade de seus dirigentes. Quando uma instituição como o Banco Central perde sua credibilidade, os agentes preparam-se para o pior: antecipam desvalorizações cambiais sucessivas, aceleração da inflação... A própria ocorrência dessas antecipações torna muito mais difícil para o Banco Central regular a economia.
2. Peter Sloterdijk, *Colère et temps*, Libella-Maren Sell, 2007.
3. Um bom exemplo da mutação que se concretizou no mercado financeiro nos é dado pela American International Group (AIG). Como companhia de seguros, a AIG não estava submetida ao mesmo grau de vigilância que os bancos de depósitos. Assim, ela poderia criar um departamento AIG Finances, que acabou se transformando no primeiro operador do que é chamado de Credit Default Swaps – as CDS – ou derivativos de créditos, que assegurariam, junto a um credor, os riscos de falência de um devedor. Os bancos comerciais desempenharam igualmente um papel nesse jogo: desenvolveram serviços financeiros não subscritos em seus balanços que incorporaram alegremente em suas carteiras esses títulos hipotecários de alto risco. E isso da maneira mais legal possível, aproveitando-se de brechas no sistema regulatório, mas também de certa pusilanimidade das autoridades, que poderiam perfeitamente se aperceber do ardil se estivessem mais atentas. Mas as autoridades não se moveram. Por quê? Sem dúvida porque estavam imersas em um ambiente de ideias que acreditava em um novo paradigma de mercado totalmente livre no qual as operações financeiras poderiam se autorregular. Sem essa crença por trás, as autoridades teriam começado a pedir os livros contábeis das instituições.
4. Um dos erros de cálculo relaciona-se à hipótese segundo a qual nunca ocorreu uma crise hipotecária de maiores proporções em nível nacional nos Estados Unidos (mas apenas crises regionais). Ler, a esse respeito, André Orléan, *De l'euphorie à la panique: Penser la crise financière*, Paris, Rue d'Ulm, Col. Cepremap, 2009.
5. Voltaire caricatura Leibniz e seu princípio da "razão suficiente". Perturbado pelo grande terremoto de Lisboa, Voltaire revolta-se com a ideia de que um mal seja necessariamente a contrapartida de um bem. Pangloss encarna uma visão que insiste em considerar que o mundo é o melhor possível, apesar de seus defeitos.

15. O capitalismo imaterial (p.170 a 179)

1. Desenvolvo essas três teses em *Trois leçons sur la société postindustrielle*, Paris, Seuil, 2006.
2. Françoise Benhamou, *L'Économie du star-system*, Paris, Odile Jacob, 2002.
3. Tyler Cowen, *Creative Destruction*, Princeton University, 2002.
4. Alan Krueger notou que o salário dos artistas (tomando como base a percentagem que retiram da organização de espetáculos) aumentou 82% em dez anos. Isso porque os fãs desejam ver seus ídolos. É a demanda que joga os preços para cima. O cantor Prince oferece seus CDs em shows, dando ao público mais motivação para comparecer. David Bowie é o cantor que melhor teorizou essa evolução. O artista deve se colocar em cena no sentido estrito do termo. Ele é a parte material de sua imaterialidade.
5. Pesquisa do periódico *Livres hebdo*, 19 mai 2006.
6. Em algumas noites, um mesmo produtor norte-americano está presente nos dois principais canais franceses com *CSI: Miami* e *Without a Trace* [Desaparecidos], por exemplo.
7. A África é o continente mais atrasado em relação à transição demográfica. Mas, mesmo nesse caso limite, essa transição já começou. Especialistas da ONU preveem um número médio de 2,5 crianças por mulher em 2050.
8. Desenvolvi esse ponto em *La mondialisation et ses ennemis*, Paris, Grasset, 2004.
9. Veja-se Olivier Mongin, "Puissance du virtuel, déchaînements des possibles et dévalorisation du monde: Retour sur des remarques de Jean-Toussaint Desanti", *Esprit*, ago 2004.

Conclusão (p.181 a 184)

1. Pensar o risco de acontecimentos trágicos tornou-se saudável, se é que se deseja evitar esses acontecimentos. Ver, sobre esse ponto crucial, Jean-Pierre Dupuy, *Pour un catastrophisme éclairé*, Paris, Seuil, 2002. A literatura passa progressivamente a preocupar-se com esse tema. Ver o romance apocalíptico de McCarty Cormac, *La route*, trad. franc., Paris, Olivier, 2008.

Agradecimentos

Todos os meus agradecimentos a Pierre-Cyrille Hautcœur, por sua leitura atenta e amável do manuscrito, e a Richard Ducousset e Alexandre Wickham, pela confiança inabalável neste projeto.

Este livro foi composto por Letra e Imagem em Dante Pro 11,5/16
e impresso em papel pólen soft 70g/m² e cartão triplex 250g/m²
por Bartira Gráfica em outubro de 2010.